古汉语省略及相关问题研究

张家文 著

中山大学出版社
·广州·

版权所有　翻印必究

图书在版编目（CIP）数据

古汉语省略及相关问题研究/张家文著. —广州：中山大学出版社，2018.1
　ISBN 978-7-306-06250-5

　Ⅰ. ①古…　Ⅱ. ①张…　Ⅲ. ①古汉语—省略（语法）—研究　Ⅳ. ①H141

　中国版本图书馆 CIP 数据核字（2017）第 296853 号

出 版 人：徐　劲
策划编辑：嵇春霞
责任编辑：高　洵
封面设计：曾　斌
责任校对：刘　犇
责任技编：何雅涛
出版发行：中山大学出版社
电　　话：编辑部 020-84110771，84113349，84111997，84110779
　　　　　发行部 020-84111998，84111981，84111160
地　　址：广州市新港西路 135 号
邮　　编：510275　　　　传　真：020-84036565
网　　址：http://www.zsup.com.cn　　E-mail: zdcbs@mail.sysu.edu.cn
印 刷 者：广东省农垦总局印刷厂
规　　格：787mm×1092mm　1/16　14 印张　240 千字
版次印次：2018 年 1 月第 1 版　2018 年 1 月第 1 次印刷
定　　价：46.00 元

如发现本书因印装质量影响阅读，请与出版社发行部联系调换

前　　言

　　本书收录我的博士学位论文及 5 篇关于古汉语语法专题研究的论文。其中，博士学位论文《古汉语省略研究》完成于 2000 年，这是第一次公开出版；而 5 篇研究论文也在 2000 年前后分别发表于专业期刊、学报，或于学术会议上宣读，因为与我的博士论文有些关联，所以这次把它们作为附录，一并出版。因此，本书取名为《古汉语省略及相关问题研究》。

　　博士学位论文完成后，本来准备出版，后来由于工作调动，所以就一直放下了。为什么现在还要出版呢？首先，据笔者所知，到目前为止，以古汉语省略为研究对象的专著还寥寥无几，本书忝列其中，似乎还没有过时之嫌。其次，自《古汉语研究》2001 年第 2 期刊载该篇论文的内容提要后，不断有学者、朋友向笔者索求论文，他们也希望笔者能公开出版该篇论文，方便查找。可见，本书还是有一定学术参考价值的。

　　本书附录部分的 5 篇古汉语语法专题研究论文中，有 3 篇曾公开发表过：《古汉语名词活用说的再认识》和《古汉语介词"以"支配成分的移位和省略》分别发表于《古汉语研究》1999 年第 3 期和 2001 年第 4 期，《古汉语"则"的用法及其相关句式研究》发表于《简帛语言文字研究》（第二辑）（巴蜀书社 2006 年版）。其余两篇也曾在学术会议上交流过。尽管这些论文发表年限较早，但为了便于同行们查阅，也趁此次机会一并重刊于此。为了排版的方便和美观，把本来应该位于博士学位论文正文后边的"引用和参考文献"排在了本书的最后。

　　下面介绍博士学位论文的内容。

　　省略是一个既古老又年轻的研究课题，对古汉语来说，省略研究的意义尤为重大，因为它涉及语法学、训诂学、修辞学等各门学科，历来被视为古汉语语法的特点之一。

　　本书以《左传》《论语》《孟子》为语料，引入现代语言学的理论和方法，对古汉语省略进行断代研究。在研究过程中注重定性分析和定量分析相结合、描写和解释相结合，尤其重视对古汉语省略的成因及出现规律的解释。以省略为视点，透视古汉语中与之相关联的其他语言现象。全书共分六章。

第一章为引论。简要回顾了省略研究的历史和现状。结合前人及今人的研究成果，对省略进行了界定，并对本书的研究方法和有关体例做了交代。

第二、第三章分别考察了动词的支配成分——主语和宾语的省略。主张动词的支配成分属于"语义—句法"范畴，主语的原型意义或典型意义是"施动者"，宾语的原型意义或典型意义是"受动者"。第二章试图区分古汉语句子的主语和话题，提出主语的特征主要体现在语义方面，话题的特征主要体现在句法方面。根据句法特征归纳了古汉语中3种话题句，并考察了话题句中主语省略的情形。借鉴语篇语言学理论，把叙述语篇中主语省略归纳为4种类型，并与议论语篇主语省略进行比较，说明言语风格和文体特点对主语省略的制约性。第三章依据配价语法理论，提出判断动词宾语省略的依据是：从语义上看是否系联受动者或接受者，如果在语义上该动词要求系联受动者或接受者，而在表层句法结构中却没有出现，就说该动词省略了宾语。从汉语主宾语非对称性和动词前加成分分析了古汉语宾语省略的某些限制条件，具体论述了使令动词和双及物动词宾语的省略情况，以及由此带来的句法后果。

第四章选择4个具有代表性的介词"以""于""与""为"，讨论古汉语介词的句法和语义功能以及制约介词支配成分省略的句法、语义因素。把介词支配成分的省略分为移位省和语境省两大类，并指出介词支配成分的移位省是古汉语话题化的手段之一。

第五章分析古汉语对话结构中的省略。指出一个完整的对话结构由对话参与者、对话标记和最少一个话对组成。描写了对话中参与者、对话标记及话对中答句成分的省略，从参与者的多寡、句子的对称性和衔接性等方面提出了上述各类成分省略的制约条件。

第六章为结语。集中讨论了与古汉语省略相关的几个理论问题。分析了古汉语省略的功能、语境对省略的影响，并分析了区分主语和话题的意义以及制约省略的某些句法条件。

目　　录

第一章　引论 / 1

　　第一节　省略的定义及其理论背景 / 1
　　第二节　古汉语省略研究现状 / 5
　　第三节　本书研究的方法和思路 / 9
　　第四节　本书使用的语料和符号 / 10

第二章　动词支配成分的省略（上） / 12

　　第一节　动词的支配成分 / 12
　　第二节　主语的性质和主语省略的标准 / 13
　　第三节　话题句中主语的省略 / 19
　　第四节　叙述语篇中主语的省略 / 36

第三章　动词支配成分的省略（下） / 46

　　第一节　动词的价分类 / 46
　　第二节　从主宾语非对称性看宾语的省略 / 48
　　第三节　动词前加成分对宾语省略的影响 / 54
　　第四节　使令动词和双及物动词宾语的省略 / 66

第四章　介词支配成分的省略 / 71

　　第一节　制约介词支配成分省略的有关因素 / 71
　　第二节　介词"以"支配成分的省略 / 87
　　第三节　介词"与"支配成分的省略 / 106
　　第四节　介词"为"支配成分的省略 / 113

第五章　对话结构中的省略 / 117

　　第一节　对话结构 / 117

第二节　对话参与者的省略 / 122
　　第三节　对话标记的省略 / 126
　　第四节　话对中答句成分的省略 / 131

第六章　结语 / 142
　　第一节　古汉语省略的功能 / 142
　　第二节　语境和语境型省略 / 146
　　第三节　语境省和移位省的句法制约条件 / 150

附录　古汉语语法专题研究5篇 / 152
　　从古汉语省略研究看语法和修辞的关系 / 152
　　古汉语介词"以"支配成分的移位和省略 / 159
　　先秦汉语"也""者"的话题标记功能 / 172
　　古汉语"则"的用法及相关句式研究 / 188
　　古汉语名词活用说的再认识 / 198

引用和参考文献 / 209

第一章 引 论

第一节 省略的定义及其理论背景

省略是普遍存在的一种语言现象。我国学者很早就注意到了这种现象,并罗列了众多涉及省略的语言材料,但从未给它下一个周密的定义。现代语言学者也大多停留在省略现象的描述上,很少对省略概念本身进行综合性的理论探讨。有些论著也尝试给省略下定义,但缺乏对语言事实的解释力。下面摘录几条具有代表性的省略定义,并略做评论。

> 定义一:所谓省略,就形式上说,是比常态的结构缺少了某一部分;当这缺少的某一部分被补出了之后,至多是嫌繁些,却不至于违反该族语的习惯。①
>
> 定义二:第一,如果一句话离开上下文或者说话的环境意思就不清楚,必须添补一定的词语意思才清楚;第二,经过添补的话是实际上可以有的,并且添补的词语只有一种可能。这样才能说是省略了这个词语。②
>
> 定义三:省略是一种言语行为,是使用语言的结果。省略句即话语成分或语义成分有所省略的话语句子。③

定义一从句子的结构着眼,把省略定位于句子结构成分的省略。比如,正常的句子具备主语和谓语:如是叙述句,叙述词又是及物动词,就要带一个目的语;如是判断句,系词后面要带一个表语。否则,就是省略法。④ 我们

---

① 王力:《王力文集》(第1卷),山东教育出版社1984年版,第404页。
② 吕叔湘:《汉语语法论文集》(增订本),商务印书馆1984年版,第534页。
③ 郑远汉:《省略句的性质及其规范问题》,载《语言文字应用》1998年第2期。
④ 参见冯春田等撰稿《王力语言学词典》,山东教育出版社1995年版,第504页。

说，一个句子除了结构完整，还要表达一个正确或完整的意义，例如"她是个美国女人"这句话，在结构上并没有缺少什么，但从语义上看，显然省略了某些成分。因此，把省略定位于句子结构层面上，会遗漏很多省略现象。定义二根据句子表达的意思是否清楚，判断句子中词语的省略，避免了定义一的缺陷，但用能否只用确定的词语添补对省略加以限定，似乎狭隘了一些。定义三把省略看成言语行为，把省略成分定位于话语句子的话语成分或语义成分，揭示了省略在语用方面的特点，但如果忽略引起省略的句法因素，那么对语言中的某些省略现象就很难做出科学的解释。例如"此邦之人，不可与处"（《诗经·小雅·黄鸟》）、"赐也，始可与言诗已矣"（《论语·学而》）。这两句话中，介词"与"的后面均省略了宾语。这类省略发生在句子内部，似乎与语境或上下文关系不大，如果用句法上的移位解释，应该更为方便。

　　从上述各家为省略所下定义可以看出，"省略"实际上包含两层含义：一指省略成分，如结构成分、语义成分、话语成分等；二指省略方式，可称为"省略法"，如语境省、上下文省、话语省等。考虑到省略的两层含义，本书把省略定义为受语境、语篇和句法因素制约的句子基本结构成分和语义成分的隐略。所谓"隐略"，在这里有两层含义：一指本该出现的句法结构成分和语义成分没有出现，二指本该出现于句中某一位置的句法结构成分和语义成分却出现在其他位置。本书对省略的界定是基于近年来语言学界对省略所做的深入研究的基础上提出来的。事实上，省略研究的繁荣局面也只是近20年来随着句法、语义、语用三个平面理论的提出，以及转换—生成语法和话语语言学理论的不断引介，才开始出现的。因此，对各种省略学说做一简短的回顾，对理解本书提出的省略定义是很有必要的。

　　三个平面（句法或语法、语义、语用）理论是20世纪80年代以来明确提出并逐步发展成熟的一种语法或语言研究方法，它是国外语言理论的影响和国内汉语语法研究自身发展综合利用的必然结果。根据三个平面理论研究语言中的省略现象，主要是区分不同平面的省略及其各自在语法研究中的地位。目前，对省略的区分有两分法和三分法。两分法就是把省略和隐含区分开来，如吕叔湘、施关淦等。① 三分法就是把省略分为句法或语法上的省

---

　　① 参见吕叔湘《汉语语法分析问题》，商务印书馆1979年版；施关淦《关于"省略"和"隐含"》，载《中国语文》1994年第2期。

略、语义上的省略和语用上的省略,如王维贤、范开泰等。①两分法中的省略大致相当于三分法的句法上的省略,隐含大致相当于语义上的省略。

把省略分为省略和隐含或分为句法上的省略、语义上的省略、语用上的省略,是对省略的全方位研究,其中"省略"和"隐含"两个概念有较深入的研究,但语用上或交际上省略的研究似乎还没有引起足够的重视,而且各家对"语用"的理解也不尽相同。如范开泰把语用理解为语义上的"预设"或"蕴涵",主要从语义上理解语用;王维贤和施关淦把"语用"理解为语境,如上下文、情景以及说者/听者等。此外,对不同平面省略之间的关系还缺乏明确、一致的认识。

生成语法是继结构主义语言学之后在国际上影响最大的语言学派之一。国内学者借鉴该派理论研究汉语语法取得的最大成就主要体现在两个方面:一是变换分析方法的运用,二是空语类理论的运用。前者响应了生成语法早期的思想和方法,后者吸收了 20 世纪 80 年代以来生成语法——支配和约束理论(简称"支约论")的研究成果。

所谓空语类,是指起语法、语义作用,但不具语音形式的语言成分。它是乔姆斯基生成语法近 20 年来研究的中心课题之一,因为空语类的研究一方面对发现人类语言机制能提供有价值的认识,另一方面由于空语类涉及句法、语义诸因素,因而有助于探讨语言结构中语法和语义的表达及其形成规则。乔姆斯基所设置的空语类范畴在他的管辖与约束理论中占有中心地位。它可以解释人脑中许多微妙的语法知识,也揭示了语法研究中以前很少遇到的新问题,并能给我们新的启示。

运用空语类理论研究汉语的学者可以分为两类。一类是严守支约理论的空语类,从普遍语法的角度论证汉语是否也有如乔姆斯基所提出的空语类类型,如徐烈炯、黄衍。②另一类学者主要是借鉴空语类研究的方法,研究汉语中的一些具体问题,如徐思益、张国宪、沈阳等。③他们把空语类和省

---

① 参见王维贤《说"省略"》,载《中国语文》1985 年第 6 期;范开泰《省略、隐含、暗示》,载《语音教学与研究》1990 年第 2 期。

② 参见徐烈炯《与空语类有关的一些汉语语法现象》,载《中国语文》1994 年第 4 期;黄衍《汉语的空范畴》,载《中国语文》1992 年第 5 期。

③ 参见徐思益《从空语类说开去》,见《语法研究和探索(4)》,北京大学出版社 1988 年版;张国宪《谈隐含》,载《中国语文》1993 年第 2 期;沈阳《动词的句位和句位变体结构中的"隐含性语类"》,见《语法研究与语法应用》,北京大学出版社 1994 年版。

略、隐含等语言现象联系起来研究，结合动词、形容词及名词的配价（或称"价""向"），以及句位变体等进行研究，直接推动了汉语语法研究在理论、方法和观念上的一系列更新。

近年来，话语研究日益受到国内外语言学界的重视，并且形成了一门新的学科——话语语言学（discourse linguistics），又称"语篇语言学"（text linguistics）或"超句语言学"（translinguistics）等。尽管各派研究重点不同、术语各异，但都有一个共同点，就是把分析的对象从互不相干的句子扩展到意思连贯的句子系列。话语语言学的最大特点是将语言置于具体的使用环境，联系它的交际功能进行考察。换句话说，就是注重对"活"的语言进行研究。因此，话语分析一般要求分析的对象是从书本材料或录音材料等自然素材中选取的实际用语。这一点和传统的句法分析是不同的。传统句法分析的对象一般是孤立的句子，可以是自造的，也可以是经过一番剪裁改编的实例。

话语语言学主要研究话语的衔接和连贯，而省略作为话语的衔接手段之一，在话语语言学里又被称为"零形替代"（zero substitution）或"零形回指"（zero anaphora）。话语语言学对省略研究的最大特点就是联系情景语境和上下文语境，尤其是上下文语境，研究省略在话语衔接中的作用，如廖秋忠、陈平、郑远汉等。①

以上简要回顾了近年来有关省略研究的情况。下面谈几点我们的看法。

第一，从以上论述可以看出，人们对省略的研究往往偏重于分，即把传统的省略概念和其他相关的语言现象区别对待。这当然有利于省略研究的发展；但是，我们也不应该忽视这些语言现象之间的联系，它们都是句子中某些句法成分和语义成分的省略。因此，我们建议用省略这一概念概指这些相关的语言现象，这样既丰富了省略研究的内涵，赋予了省略新的含义，也体现了语言学术语的一致性，能够涵盖省略研究新的进展，以便研究者采纳。有时，为了体现自己的研究方法及表述的方便，把诸如隐含、空语类、零指代作为下位概念使用也未尝不可。

第二，省略是一种复杂的语言现象，这种复杂性主要体现在两个方面：

---

① 参见廖秋忠《现代汉语中动词的支配成分的省略》，载《中国语文》1984年第4期；陈平《汉语零形回指的话语分析》，载《中国语文》1987年第5期；郑远汉《省略句的性质及其规范问题》，载《语言文字应用》1998年第2期。

一方面，它涉及语法（或语言）的各个层面——句法（语法）的、语义的和语用的[①]；另一方面，它又分别受句法和某些话语或语篇因素的制约。有人认为省略是一种句法现象，可以在句子语法的范围内加以解决；有人则认为省略是一种语篇现象，属于话语语法的研究对象之一。我们认为，从抽象的句子平面来看，省略无疑是句法现象，但从交际或言语的句子来看，省略现象从形成到现状都受到语篇因素的制约，如果在研究中不考虑语篇因素，就无法从理论上对省略做出客观、科学的阐释。

第三，从语言的表层结构看，省略是一种代表一定句法成分和语义成分的零形式，它在人们理解语言的过程中起着重要的作用。省略的研究不是为了找回并补出所缺的成分，而"只是语法上一种便利的解释而已"[②]。从这个意义上看，我们说省略仅仅是一种理论上的假设。对省略的研究，一方面要寻找理论和事实上的证据，以支持和证明这一假设；另一方面又要以这一假设为基点，解释与此相关的其他语言现象。正如爱因斯坦提出相对论，现代物理学的许多分支学科都是在它的基础上建立起来的，而这些分支学科的发展反过来又对相对论提出了挑战。假设的论证和应用两方面的研究是相辅相成的，生成语法对省略的研究给我们提供了新的启示。

第二节 古汉语省略研究现状

从汉代开始，小学家们就注意到了省略这种语言现象，他们称之为"省文"。古人对省略的认识是从语义的理解开始的，也就是说，最早是从训诂的角度揭示有关省略现象的，因而早期有关省略的研究大多保存在古书的注疏中。

清末俞樾《古书疑义举例》对历代省略的研究成果进行了总结和归纳，列举了12种与省略相关的语言现象：古人行文不嫌疏略例、古人行文不避繁复例、语急例、语缓例、一人之辞而加"曰"字例、两人之辞而省"曰"字例、文具于前而略于后例、文没于前而见于后例、蒙上文而省例、探下文

---

① 实际上，省略还包括语音上的省略（参见王维贤《说"省略"》，《中国语文》1985年第6期）、音节或专有名词的省略（参见杨树达《汉语文言修辞学》，中华书局1984年版）。它们都不是句子层面的省略，所以本书略而不论。

② 王力：《王力文集》（第1卷），山东教育出版社1984年版，第411页。

而省例、举此以见彼例、因此以及彼例。从俞氏所列的12种省略现象来看，他是以辩证的眼光来看待省略的，即"省"与"不省"两相对照，如第一条"古人行文不嫌疏略例"是从"省"的角度看，第二条"古人行文不避繁复例"是从"不省"的角度看，下面"语急""语缓"和"加曰""省曰"等都是两相对照，通过这种对照来体现省略的语用或修辞价值。

综观我国古代的省略研究，尽管学者们揭示了不少有关省略的语言现象，也给我们提供了大量的事实例证，特别是结合修辞研究省略现象，对后来的研究极具启发意义，但由于时代的局限，在研究方法、对象及理论阐述等方面都存在严重缺陷，主要表现在3个方面。

第一，从研究方法上看，他们采用的是训诂学的研究方法，也就是说，是从意义内容的角度来分析省略，而忽略了省略在语言形式和语言结构方面的特点。这是由他们研究的目的所决定的，他们研究省略的目的是为了读懂古书，不是为了研究语言而研究省略。所以这一时期的省略研究具有浓郁的训诂学色彩。例如：

> 郊社之礼，所以事上帝也；宗庙之礼，所以祀乎其先也。（《礼记·中庸》）郑玄注："社，祭地神，不言后土者，省文。"

在古代，"郊"和"社"是有区别的，一般冬至祭天称"郊"，夏至祭地称"社"。郑玄的意思是，"郊社之礼"既祭天（即上帝），还要祭地（即后土）。而《礼记》只说"事上帝"，故称为"省文"。又如：

> 以阴礼教六宫，以阴礼教九嫔。（《周礼·天官·内宰》）郑玄注："教以妇人之礼，不言教夫人、世妇者，举中省文。"

孔颖达疏云："司农意，上文教六宫之人讫，此复教九嫔者。先郑意，以九嫔掌妇学之法，使之教九御，故内宰特更别教之也。后郑意，下文别教九御，故知此教三夫人已下。不言三夫人、世妇者，举中以见上下省文。"郑注和孔疏的意思是说"九嫔"当包括三夫人和世妇，而《周礼》不言以阴礼教夫人和世妇，是省文。

由此可知，古人所谓的"省文"，是出于理解经文意思的需要。他们对省文的分析，以对经文意义的理解为前提，并且分析也相当简略。它体现了古代小学家们对省略这种语言现象不自觉的认识。

第二，由于缺乏科学的研究方法，其研究对象或内容还不十分明确，没有区分不同层次的省略；同时，有关省略的术语本身及其所指内容也不规范。省略，古人泛称"省文"，有时分称"省字""省句"等。比如，"省文"除了指一般意义上的省略外，还指语言或文章的简要，如刘知几《史通·叙事》篇云："夫国史之美者，以叙事为工；而叙事之工者，以简要为主……《春秋》变体，其言贵于省文。"在同一篇里，刘氏还提出了"省字"和"省句"，但所指均为叙事的简要。他们指出的某些省略现象，后人以别的名目称之。例如：

《左传·襄公二年》："齐侯伐莱。莱人使正舆子赂夙沙卫以索马牛，皆百匹。"《正义》曰："牛当称头，而亦云匹者，因马而名牛曰匹，兼言之耳。经传之文，此类多矣。《易·系辞》云：'润之以风雨。'《论语》云：'沽酒市脯不食。'《玉藻》云：'大夫不能造车马。'皆从一而省文也。"（《春秋左传正义》卷二十九）

孔氏所谓的"从一而省文"现象，后人多有阐述，如宋代王楙在《野客丛谈》中指出这种现象是"因其一而并言其一，此古人省言之体，不可不知也"。像这类省略现象，后来有人称之为"并及""连及"等。

第三，指出了古书中大量存在的省略现象，但对省略的原因、规律等缺乏系统的理论阐述，即使像俞樾《古书疑义举例》这样的著作，也主要是汇集散见于历代注疏、笔记中关于省略的解释，还谈不上理论的研究。

《马氏文通》是我国第一部体系完整的语法学著作，它第一次揭示了古汉语语法的特点。该书有关省略的论述主要集中在卷十《论句读》。《马氏文通》在它所建构的语法体系内，从句子成分的角度出发，以大量的语言材料，详细地分析了起词（即主语）和语词（即谓语）省略的情况。尽管《马氏文通》所论省略现象不像俞樾《古书疑义举例》那样面面俱到，但其在研究方法和在理论上的高屋建瓴，都是俞氏不可企及的，主要体现在3个方面。

第一，《马氏文通》一反过去从训诂角度研究省略的方法，而把省略纳入其所建构的语法体系之内进行研究。它所论述的省略现象不是古汉语中罕见的、偏僻的，而是最常见的、最普通的。它以句子成分为纲统摄各种省略现象，联系句式、句型来把握省略的规律。如议事论道之句读、命戒之句，其起词一般可以省略；比拟句读中，其语词一般省略。结合语言的语法特点区分省略和非省略，《马氏文通》中说："无属动词，本无起词。'有''无'两字，见亦同焉。"这就是根据动词的特点，由某些动词构成的句子，它们本身没有主语，因而不能说它们省略了主语。

第二，虽然《马氏文通》是一部语法学著作，但它能结合修辞来研究省略现象。正如吕叔湘为《马氏文通》作的序中所说："作者（指马建忠）不愿意把自己局限在严格意义的语法范围之内，常常要涉及修辞。……语法和修辞是邻近的学科。把语法和修辞分开，有利于科学的发展；把语法和修辞打通，有利于作文的教学。后者是中国的古老传统，也是晚近许多学者所倡导的。在这件事情上，《文通》可算是有承先启后之功。"正是基于语法和修辞结合的指导思想，《马氏文通》在论述省略现象时，不时指出它在修辞上的功能，如"句读起词既见于先，而文势直贯，可不重见"。这说明，让语言或文章"文势直贯"是起词省略的修辞功能之一。再如"有不用起词本字，而以公共之名代之者，如人以地名是也"。例如，以"天下"代天下之人，以"布衣"代布衣之士等，实际上是修辞学上的"借代"修辞格，而作者把它放在起词节加以论述，就是为了让人们区分"省略"和"借代"这两种不同的语言现象。

第三，作者站在比较语言学的高度，挖掘古汉语的特点，并指出省略是汉语不同于其他语言的特点。在论述起词省略时指出："大抵论议句读皆泛指，故无起词。此则华文所独也。泰西古今方言，凡句读未有无起词者。"可见，《马氏文通》是着眼于汉语（尤其是古汉语）的特点来谈省略的。

继马建忠之后，杨树达关于省略的研究主要见于他的《高等国文法》和《中国修辞学》（后更名为《汉文文言修辞学》）。杨树达对省略的研究明显继承了俞樾《古书疑义举例》结合训诂和校勘的研究传统，但对省略分类比俞氏更为周密和科学。杨树达在俞樾研究的基础上对古代汉语里出现的各种省略现象做了更为全面且系统的归纳和概括，为古书的阅读和理解提供了方便。后来人们对省略的研究在材料和内容上基本没有超出这一范围。但正如他的语法研究采用的是训诂学的方法一样，对省略的研究仍然没有摆脱清儒所使用的训诂学方法。因此，我们认为，除了动词省略的论述略详于《马氏文通》以外，其在省略理论和规律的概括探讨上都不及后者。

其后，大多数古汉语语法著作都设有专章或专节讨论省略问题，如王力

《汉语语法史》、周法高《中国古代语法·称代编》、杨伯峻和何乐士《古汉语语法及其发展》。尤其是后者，紧扣句子的结构特点（各类句型）分析所列省略现象，如谈到介词"以"的宾语省略时，就概括出了 6 种与"以"的宾语省略相关的句型；此外，该书还注意吸收当代省略研究的理论，把"隐含"的概念引入古汉语省略的研究。

除了上列专著，还有一些专门探讨古汉语省略问题的单篇论文，如麦梅翘《古汉语中的"省文"》（《中国语文》1961 年第 6 期）、刘福元《古代诗词中的省略》（《河北师院学报》1979 年第 2 期）、黄岳洲《文言句式的某些省略现象》（《语文学习》1980 年第 6 期）、马学恭《关于介词"以"、"于"的省略问题》（《宁夏大学学报》1980 年第 2 期）。这些论文对传统省略说的某些具体问题进行了比较深入的研究。董秀芳《古汉语中介宾位置上的零形回指及其演变》［《当代语言学（试刊）》1998 年第 4 期］引入话语语言学和语用学理论，研究了介词"与"的宾语省略情况。薛凤生《古汉语中的主语省略与所谓的被动句型》（《中国语言学论丛》第 1 辑）通过对主语省略的分析，重新解释古汉语被动句式。

省略问题不仅是语法学关注的对象，还有很多学者从修辞学的角度进行研究，恕不赘举。

以上简要论述了历代有关古汉语省略研究的情况。我们认为可以以《马氏文通》为界，把古汉语省略的研究分为两个阶段：《马氏文通》以前为省略的训诂或语义研究阶段，《马氏文通》及其以后为省略的语法研究阶段。两个阶段尽管研究的着眼点和方法不同，但都注重省略修辞效果和语用价值的分析。尽管由于时代的局限，历代学者在研究方法、对象及理论阐述等方面都存在不足，但为我们提供了大量可供借鉴的语言材料。此外，他们的某些研究方法也值得借鉴。

第三节 本书研究的方法和思路

从上文的叙述可以看出，省略既是一个古老的研究课题，同时也是一个崭新的、富有生气的研究课题。对古汉语来说，省略研究的意义尤为重大，因为它涉及训诂学、语法学、修辞学等各门学科，历来被视为古汉语的特点之一。尽管历代学者对这一领域的研究多有涉足，为我们提供了大量语言材料，但在理论和方法上并没有取得重大的进展，更缺少系统研究的著作。

本书不打算涉及省略研究的方方面面,而是把研究的焦点一方面从材料上集中于先秦时期的几部具有代表性的专书,进行断代研究;另一方面从研究范围上集中于句子成分(句法成分和语义成分)的省略。尽管断代的研究在古汉语其他研究领域或方面取得了令人瞩目的成绩,但在古汉语省略研究中似乎还没有引起足够的重视,这也是本书所做的探索之一。

我们力图把现代语言学的理论和方法引入古汉语省略研究中,如语法研究三个平面的理论、生成语法关于空语类的理论、配价语法理论,以及话语语言学的理论等。在现代汉语语法研究中,这些理论和方法都得到了广泛的吸收和运用,但要把它们贴切地运用到古汉语省略的研究中,恐怕还有一定的难度,本书将对此进行尝试。

本书所运用的方法,具体而言,主要体现在3个方面。

(1)尽量做到定性分析和定量分析相结合。由于古汉语省略涉及面广,内容复杂,有时很难做到定量分析,如果涉及与某些特殊句型或特殊词类有关的省略现象,则尽量做到定量分析。

(2)注意运用比较的方法,包括:① 不同风格与体裁语料省略的比较;② 古今汉语省略现象的比较;③ 与外语的比较。

(3)描写和解释相结合。历来关于省略的研究多重在描写,轻于解释,如对各类省略出现的原因、规律、制约因素等很少在理论上加以阐释。本书在描写充分性的基础上,尽量做到解释的充分性。

除引论部分外,第二至第五章分别论述主语的省略、宾语的省略、介词支配成分的省略、对话结构中的省略,第六章为结语。

第四节　本书使用的语料和符号

本书所谓的古汉语指先秦汉语。选择的语料主要为《论语》《孟子》和《左传》(传文)3部书,均以杨伯峻注释本为底本,同时参考其他版本。我们之所以选择这3本书为语料,主要是考虑在先秦时期它们的口语化程度相当高,可以认为是记言和记事类作品的代表作。以这3种语料为调查对象,大致能反映先秦汉语省略的全貌。

书中引例均按杨伯峻注本注明在书中的段落号,如(孟子1·1)、(论语10·4)等,《左传》不注书名,只注公名和段落号,如(桓公1·3)等。有时为便于比较,也偶尔引用其他语料,例句出处按一般引书惯例标出。

为了表述方便，本书还使用了下面一些技术性符号：

SP：小句或主谓短语。

VP：动词或动词性短语。

NP：名词或名词性短语。

AP：形容词或形容词性短语。

PP：介词短语。

Pron：代词。

Pre：介词。

S：主语。

P：谓语。

O：宾语。

B：补语。

T：话题。

C：述题。

e：省略成分。

第二章　动词支配成分的省略（上）

第一节　动词的支配成分

动词的支配成分，在语言学研究文献中又称为动词的"价""向"及"论元""题元"等。① 关于什么是动词的支配成分，我们引用廖秋忠的一段话加以说明：

> 句中直接参与动词所指的动作、过程或状态等并受其支配和制约的这些成分是和动词的意义分不开的，是可以从动词的含义中推导出来的。这一类成分就是这里所说的动词的支配成分。每个动词所支配的成分，简称为价（valent），是有一定的数量的。根据支配成分数量的多寡，动词有零价、单价、双价和三价之分。当一个动词有几个含义时，它的价数就有可能不同。每个支配成分在句中体现为主语、直接宾语、间接宾语或介词宾语等。句中另有一些成分与动词的关系不是直接的，或是不能从动词的含义中推导出来的，这里称为非支配成分。非支配成分的数量视交际的需要而定。非支配成分通常做介词宾语或状语等。②

廖先生同时指出："支配成分主要是语义即认知上的概念。支配成分的从缺，指的是句中某些语义成分的从缺，而不是某些句法成分的从缺。"我们认为，动词的支配成分既不是纯语义概念，也不是纯句法概念，而是一个语义—句法概念。因为支配成分是动词的语义表达所需要的成分，因此应该考

---

① 一般来说，借鉴法国和德国配价语法理论的学者倾向于称"价"或"向"（valency），而借鉴生成语法理论的学者倾向于称"论元"或"题元"（thematic element or θ-role）。本书从省略的角度把同类现象称为"动词的支配成分"。下文的某些观点主要参考了廖秋忠《现代汉语中动词的支配成分的省略》（《中国语文》1984 年第 4 期）和陈平《汉语零形回指的话语分析》（《中国语文》1987 年第 5 期）。

② 廖秋忠：《现代汉语中动词的支配成分的省略》，载《中国语文》1984 年第 4 期。

虑施事、受事、对象、工具等语义特征概念；同时，动词所支配的名词性成分需要受到句子结构构成条件的制约，是句子句法结构的组成部分，因此也应该把动词支配成分同主语、宾语等句法成分联系起来。事实上，廖先生为支配成分所下的定义也考虑到了语义和句法两方面的因素。而研究生成语法的学者也有同样的看法，徐烈炯、沈阳指出："'题元'应是句法成分分析的一种扩展和语义成分分析的一种抽象，或者不妨说'题元'就是句法和语义的一种'接口（interface）成分'。"①

本书所谓动词支配成分，是指和动词关系较密切，在语义上不可或缺的体词性成分。动词支配成分进入句子格局时做主语、直接宾语、间接宾语以及介词的宾语。本章分析处于主语位置的动词支配成分省略的情况，第三章则分析处于宾语位置的支配成分省略的情形。

第二节 主语的性质和主语省略的标准

一、主语的性质

主语是语法学中的一个重要概念，自《马氏文通》出版以来，一直是汉语语法研究的中心议题之一。关于主语的讨论，主要是围绕下列问题进行的：① 主语的划界，如主语和宾语、主语和状语、主语和句子的外围成分；② 主语的特征和语法地位。

早在20世纪40年代，吕叔湘总结了以往主语研究的成果，从具体句式出发，详细讨论了主语、宾语的划界问题。② 虽然吕先生在文章中没有做出肯定的论断，但他提出了如何分析主语、宾语的思路："分析国语的句子是不是可以只讲施事受事，不谈主语宾语？如果要有'主语'和'宾语'，采取哪一个评准来分辨？纯依施受关系？纯依位置先后？还是尽量的给每句找一个主语？还是斟酌去取，采取折中的办法？无论如何，这个评准必须简单、具体、容易依据，还要有点弹性，能辨别句子的多种类型。"吕先生的这篇文章为后来的研究奠定了基础。

---

① 徐烈炯、沈阳：《题元理论与汉语配价问题》，载《当代语言学》1998年第3期。
② 参见吕叔湘《从主宾语的分别谈国语句子的分析》，见吕叔湘《汉语语法论文集》（增订本），商务印书馆1984年版。

经过几代语言学家的研究，人们发现，无论是根据意义还是根据位置，都不能完全解决汉语里的主语问题，于是对主语的研究采取了不同的态度：有人认为汉语的主语在语法中的地位不重要，不必过于重视①；有人则从语用功能的角度对主语进行了深入研究，提出了话题概念。

汉语话题概念是赵元任正式提出来的。他说："主语跟谓语在中文句子里的文法意义是主题跟解释，而不是动作者跟动作。"② 这也是最早提出的汉语话题主语等同说。自赵元任提出话题概念以来，语言学家们从不同的角度对它进行了研究。这些研究可以归纳为两个方面。

（1）话题是语用平面的概念，而主语是句法平面的概念，话题和主语有时候一致，有时候不一致。胡裕树、范晓说："主题或者与主语重合，或者是某种特殊的句子成分。"③ 例如"鸡，我不吃了"，在句法平面上，"我"是主语，"鸡"是一种特殊成分——"提示语"；在语用平面上，"鸡"是话题，"我不吃了"是评论。陆俭明指出："主语和话题是两个不同层面上的概念。主语是从词与词之间的语法结构关系的角度说的，它是句法学（syntax）里的概念；话题则是从表达的角度说的，它是语用学（pragmatics）里的概念，二者不能画等号。"④ 有些语言学家则认为话题和主语一样，也是句法结构概念，如徐烈炯、刘丹青。他们认为，"作为一种话题优先型的语言，汉语的话题在句法上有与主语、宾语同等重要的地位。从层次分析的角度看，话题在句子层次结构中占有一个特定的位置，正如主语宾语各占一个位置。……从成分分析的角度看……话题可以省略，但主语、宾语也可以省略"⑤。

（2）无论认为话题是语用概念还是句法结构概念，它都有和主语相区别的特征。经常提到的话题特征有：① 话题总是有定的，或者从信息的角度看，话题一般表示已知信息；② 话题一般位于述题之前；③ 话题后可以有停顿或带有话题标记，话题标记可以前加，也可以后加，汉语一般是在话题后加上句中语气词，如"啊（呀）""呢""嘛""吧"等；④ 话题是一

---

① 参见李临定《主语的语法地位》，载《中国语文》1985 年第 1 期。
② 赵元任《中国话的文法》，河北教育出版社 1996 年版。
③ 胡裕树、范晓：《试论语法研究的三个平面》，载《新疆师范大学学报》1985 年第 2 期。
④ 陆俭明：《周遍性主语句及其他》，载《中国语文》1986 年第 3 期。
⑤ 徐烈炯、刘丹青《话题的结构与功能》，上海教育出版社 1998 年版。

个语段或语篇概念，常常可以将其语义范围扩展到一个句子以上，就是说，若干句子，甚至整个段落，可以共用一个话题；⑤ 话题在话题串中控制同指名词组代名化或省略；⑥ 话题与句子主要动词的关系可以是施事、受事等，也可以是时间、地点等句子内容的环境要素，甚至仅凭借常识或背景知识与句子内容发生关系的部分。①

①～⑥是语言学界经常谈到的话题的特点，这些特点涉及语义、句法和语用3个平面。但是并不是每个研究者都按这些特征来确定话题，而是有所择重。这就说明，在确定话题的过程中，以上特征还很难一以贯之。

以上是近年来语言学界对汉语主语和话题提出的部分看法，这实际上是学者们从不同平面或角度对主语的不同认识。目前，学术界倾向于区分下面3组相关的概念：句法平面（主语—谓语）、语义关系平面（动词—施事、受事、时间、处所等）、语用或话语平面（话题—述题）。

把主语和话题区分开来是近年来主语研究的重大进展，但把主语定位于句法平面，把话题定位于语用或话语平面，似乎还可以商榷。

本书同意徐烈炯、刘丹青的看法，即话题是一个句法概念。正如他们所指出的："从成分分析的角度看，话题与主语、宾语一样是句子的基本成分。话题可以省略，但主语、宾语也可以省略。汉语句子结构中有一个话题位置，但这一位置不一定在每句中都被一个成分占用。当这一位置被某个成分占用时，该句子就是话题结构，在话题位置上插入成分的过程称为话题化（topicalization）。"另外，汉语话题具有比较明确的形式特征，较少受与句中主要动词之间的语义关系的制约。因此，话题与句中主要动词的关系可以是施事、受事等，也可以是时间、地点等句子内容的环境要素，甚至仅凭常识或背景知识与句子内容发生关系的部分。

汉语的主语正好和话题相反，它缺乏明确的形式特征，主要受与句中主要动词之间的语义关系的控制，如施事具有充当句子主语的倾向，主语一般由名词性成分充当。不仅汉语如此，世界上大多数语言均如此。同时，关于汉语主语问题的争论，大多数也可以归结为确定主语的语义标准的讨论。这一点在传统语法里表现得尤为明显，如经常有施事主语、受事主语之类的说

---

① 关于话题特征的论述，可以参阅曹逢甫《主题在汉语中的功能研究》（语文出版社1995年版），陆俭明《周遍性主语句及其他》（《中国语文》1986年第3期），以及徐烈炯、刘丹青《话题的结构与功能》（上海教育出版社1998年版）。

法。据此，我们把话题称为句法主语，把传统的主语称为语义主语。

二、主语省略的标准

正如上文所述，对汉语的主语可以从不同的角度加以认识，这种认识又影响主语省略的确定。《马氏文通》是我国第一部系统完整的语法学著作，其有关省略的论述就是基于马氏对古汉语句子结构特点的认识。马氏认为，一个句子从结构上看，应该有主语和谓语两大部分（即他所说的"起词"和"语词"）；从意义上看，应该表达一个完整语义。例如，他说，"凡有起词、语词而辞意已全者曰句"，"凡句读必有起语两词"，"盖意非两端不明，而句非两语不成"，等等。但汉语的句子并非如马氏所定义的那样主谓俱全，于是就出现了省略主语和谓语的说法。《马氏文通》在它所建构的语法体系内，从句子成分的角度出发，以大量的语言材料，在该书《句读卷》里详细分析了起词（即主语）和语词（即谓语）省略的情况。其中对主语省略的分析尤为详细。继马建忠之后，黎锦熙在《新著国语文法》里说："主语、述语，二者缺一，就不成句了。"该书还专门设一章论述句子主要成分的省略，这里的主要成分除了主语、述语外，还包括述语所带的宾语或补足语，这些成分在习惯上都可以省略。根据传统语法确定句子的结构成分，自《马氏文通》以来影响深远，如王力先生就以此为标准给省略下定义（见第一章第一节）。

《马氏文通》及早期其他语法著作的语法研究主要是模仿西洋语言的语法体系展开的，因而深深地打上了西洋传统语法的烙印。传统语法的特点主要是根据意义划分词类，根据逻辑命题给句子下定义，依据逻辑关系确定句子结构成分，这从马建忠给句子下的定义可以看出来。因此，其判断句子中成分的省略看似依据句子的结构成分是否完整，实际上依据的也是逻辑命题是否完整。对此，吕叔湘在《汉语语法分析问题》中有过评论："关于省略，从前有些语法学家喜欢从逻辑命题出发讲句子结构，不免滥用'省略'说，引起别的语言学家的反感……"即使在传统语法学家内部，也有人对省略说的滥用表示不满，丹麦语言学家叶斯柏森就说过："语法学家应该常常谨慎，除非在绝对必要的地方，否则还是不谈省略为佳。"①

20世纪60年代以后，由于结构主义语言学对汉语语法研究的影响，人

---

① 转引自王力《王力文集》（第1卷），山东教育出版社1984年版，第410页。

们对句子结构特点的认识发生了根本性变化，特别是对句子主语和谓语的认识明显不同于传统语法，如赵元任提出汉语主语和话题等同说，大大扩充了主语的范围。① 传统语法中认为是省略了主语或无主语的句子，在结构主义语言学中，大部分可以看作完整句。主语范围扩大的结果是主语省略范围的缩小，从前很多从句法结构成分认识的省略现象，在结构主义语言学中都归入语义学。这也是目前大多数语言学家把省略定位于语义成分省略的原因之一。事实上，完全根据句子的表层结构或功能确定句子成分将会忽略许多深层的语言现象，省略便是其中之一。这也是目前人们致力于区分"省略"和"隐含"的原因。例如：

① [ ] <u>吃饭</u>得使筷子。
② [ ] <u>买票</u>请排队。
③ [ ] <u>请客</u>他最喜欢做宫保鸡丁。
④ [ ] <u>去吗</u>，不好；[ ] <u>不去吗</u>，也不好。

以上句子，根据表层结构分析，其画线的部分均可以分析为句子的主语；但从深层结构看，画线部分前都隐含或省略了语义主语。在古汉语中也会碰到同样的情况。例如：

⑤ 赐也，[ ] 始可与 [ ] 言《诗》矣，告诸往而知来者。（论语1·15）
⑥ 此邦之人，[ ] 不可与 [ ] 处。（诗经·小雅·黄鸟）
⑦ 弟子入则 [ ] <u>孝</u>，出则 [ ] <u>弟</u>。（论语1·6）
⑧ 临之以庄，则 [民] <u>敬</u>；孝慈，则 [民] <u>忠</u>；<u>举善而教不能</u>，则 [民] <u>劝</u>。（论语2·20）
⑨ 使子路反见之。[子路] 至则 [丈人] <u>行矣</u>。（论语18·7）
⑩ 君馈之粟，则 [汝] <u>受之乎</u>？（孟子10·6）
⑪ <u>学而时习之</u>，不亦说乎？<u>有朋自远方来</u>，不亦乐乎？<u>人不知而不愠</u>，不亦君子乎？（论语1·1）

---

① 参见赵元任《中国话的文法》，河北教育出版社1996年版。

以上句子中画线的部分从表层结构看，都可以分析为主语或话题①；但从深层结构或语义上看，均省略了语义主语或其他成分。

从以上例子可以看出，完全根据表层结构不考虑语义因素来分析句子的主语省略是行不通的。但是，用什么样的语义标准来衡量句子主语或其他成分的省略，学者们的认识还不完全相同。

第一种是从训诂的角度来衡量句子成分的省略，这可以追溯到汉代小学家们对省略的论述（见第一章第二节）。

第二种是用逻辑语义的标准来衡量句子中成分的省略，如黎锦熙和王维贤。② 例如：

⑫ 这酒太淡。
⑬ 这棵枫树的叶子都红了。
⑭ 他现在很好。
⑮ 一句话，我们要建立一个新中国。
⑯ 我的孩子把邻居的玻璃打碎了。

黎锦熙认为，例⑫省略了"的味"，例⑬省略了"的颜色"，例⑭省略的成分根据不同的环境可以是"身体""境况"或"性质"等。王维贤认为，例⑮省略了"一九四〇年"这个时间和"延安"这个地点，例⑯从意念上讲，至少省略了我的"哪一个孩子"、我的"哪一个邻居"、邻居的"什么玻璃"、"用什么"打破的、破得"怎么样"等。

以上分析从表面看来，好像是从语义上分析省略，实际上是用逻辑语义的标准来衡量句子成分的省略。对此，郑远汉先生指出："这样离开话语句子实际担负的任务，离开话语句子的主旨，按事理或凭想象推求省略，其结果则是无句不省，这样的分析无论对话语理解或话语表达，都没有实际意

---

① 上面例⑦～⑩中的"则"，徐烈炯、刘丹青《话题的结构与功能》（上海教育出版社1998年版）中把它们分析为话题标记，其前画线部分为句子的话题。例⑪的分析见周法高《中国古代语法·造句编（上）》第1～2页。例⑤、例⑥中画线部分是通过话题化的方式把介词"与"的宾语移位于句首充当句子的话题。

② 参见黎锦熙《新著国语文法》，商务印书馆1998年版；王维贤《说"省略"》，载《中国语文》1985年第6期。

义。"① 我们同意郑先生的看法，但是对有些有违逻辑语义或常识的句子，还是看作省略。如下面赵元任先生举的几个例子：②

⑰ 她是个日本女人。
⑱ 他是个美国丈夫。
⑲ 我比你尖。

本书主张区分话题（句法主语）和主语（语义主语）两个概念，尽管两者有时重合。我们确定主语的标准以语义为主，论述范围包括完整句的主语，也包括小句的主语③；确定话题以形式标准为主。主要论述主语的省略，但为了便于比较，也涉及话题概念。

第三节　话题句中主语的省略

所谓话题句，是指带有话题的句子。近年来，不少语言学家从类型学的角度提出了汉语不同于其他语言的特点。李纳和汤姆逊认为，汉语是话题优先型语言④；曹逢甫认为，汉语是注重话语的语言，有别于英语那样注重句子的语言⑤；张伯江、方梅进一步认定汉语是注重功能的语言，句法制约力相对较弱⑥。有人证明，即使在汉语内部各方言之间，话题优先在程度上还有等级之分，如上海话是一种比普通话更突出因而也更典型的话题优先型方言。⑦ 尽管关于话题的定义以及和主语的区别，语言学界还没有完全一致的看法，但第二章第二节第一部分所提到的话题特征是大多数学者认可的。根

---

① 郑远汉：《省略句的性质及其规范问题》，载《语言文字应用》1998 年第 2 期。
② 赵元任：《中国话的文法》，河北教育出版社 1996 年版。
③ 所谓小句，是指有两个或两个以上动词或动词词组，在小句中充当谓语或宾语。参见徐赳赳《多动词小句中的零形式》（《中国语文》1993 年第 5 期）。除此之外，本书所谓小句还包括第二章第二节例①～④中画线的部分。
④ 李纳、汤姆逊的看法转引自曹逢甫《主题在汉语中的功能研究》（语文出版社 1995 年版）。
⑤ 参见曹逢甫《主题在汉语中的功能研究》，语文出版社 1995 年版。
⑥ 参见张伯江、方梅《汉语功能语法研究》，江西教育出版社 1996 年版。
⑦ 参见徐烈炯、刘丹青《话题的结构与功能》，上海教育出版社 1998 年版。

据这些特征，我们认为古汉语中至少有3种句子为话题句。下面将就这3种句子展开讨论。

一、"则"字话题句

"则"，《马氏文通》把它归为表承接的连词。王力《汉语语法史》除了沿袭马氏的连词说，还指出了"则"的副词用法。其后，大多数古汉语语法著作均把"则"的用法分为连词和副词。① 后来，杨伯峻、何乐士又把"则"的用法归为连接副词。② 总之，对"则"的归类，到目前为止，有3种不同看法，即连词、副词、兼有连词和副词两种用法。

新近，有人对"则"的用法及相关句式提出了一些新的看法。薛凤生认为，"则"是连接两个分句的连词，"则"前的名词性成分都是省略了主语的谓语。例如：③

① 岂人主之子孙则必不善哉？（战国策·赵策四）
② 子女玉帛，则君有之；羽毛齿革，则君地生焉。（僖公23·6）

据薛凤生的分析，例①和例②翻译为：

③ 难道（任何人）是人主的子孙，（他）就一定不好吗？
④ 要论女人和玉帛，那么您早就有了；要论鸟兽毛革，那么您那儿也出产。

徐烈炯、刘丹青把"则"分析为话题标记，他们列举了例②和下面例⑤、例⑥：④

⑤ 弟子入则孝，出则弟。（论语1·6）

---

① 参见杨伯峻、田树生《文言常用虚词》，湖南人民出版社1985年版；何乐士、敖镜浩等《古代汉语虚词通释》，北京出版社1985年版。
② 参见杨伯峻、何乐士《古汉语语法及其发展》，语文出版社1992年版。
③ 参见薛凤生《古汉语中的主语省略与所谓的被动句型》，见黄正德主编《中国语言学论丛》（第1辑），北京语言文化大学出版社1997年版。
④ 参见徐烈炯、刘丹青《话题的结构与功能》，上海教育出版社1998年版。

⑥ 纵邑无主，则民不威；疆场无主，则启戎心。（庄公 28·2）

例 ②"则"前为名词性话题，有假设义；例 ⑤"则"前为单个动词，属次话题，也有条件句作用；例 ⑥"则"前为完整的条件小句，也有明显的对比性话题作用。他们认为，"则"和上海话的"末"在话语功能上很接近，这个"则"在体现名词性话题和分句式话题的一致性方面也跟"末"很接近，尤其是在体现对比性和列举性时。

我们大致同意徐烈炯、刘丹青对"则"的功能分析，因为这种分析能为"则"的各种用法提供一个统一、简洁的解释。因此，本书把"则"定性为连接话题和述题的连词，在句中表示假设或条件语气。先秦汉语中的"则"字句大略可以分为两种类型，即名词性话题句和谓词性话题句。下面分别进行讨论。

1. 名词性话题句

名词性话题句可以用符号表示为：NP + 则 + VP（SP）。其中，NP 代表名词或名词性短语，在句子中充当主语；VP（SP）代表动词性短语或主谓短语，充当句子的述题。例如：

⑦ 笾豆之事，则有司存。（论语 8·4）

⑧ 先生之志则大矣，先生之号则不可。（孟子 12·4）

⑨ 其子趋而往视之，苗则槁矣。（孟子 3·2）

⑩ 滕君则诚贤君也；虽然，未闻道也。（孟子 5·4）

⑪ 王顺、长息，则事我者也。（孟子 10·3）

⑫ 其事则齐桓、晋文，其文则史。（孟子 8·21）

⑬ 晋卿不如楚，其大夫则贤，皆卿材也。如杞梓、皮革，自楚往也。（襄公 26·10）

⑭ 其人，则盗贼也；其器，则奸兆也。（文公 18·7）

⑮ 凡公女嫁于敌国：姊妹，则上卿送之，以礼于先君；公子，则下卿送之。（桓公 3·6）

⑯ 可以为难矣，仁则吾不知也。（论语 14·1）

⑰ 圣则吾不能，我学不厌而教不倦也。（孟子 3·2）

⑱ 其三人则予忘之矣。（孟子 10·3）

⑲ 俎豆之事，则 e 尝闻之矣；军旅之事，未之学也。（论语 15·1）

⑳ <u>吾弟</u>则 e 爱之，<u>秦人之弟</u>则 e 不爱也，是以我为悦者也，故谓之内。（孟子 11·4）

㉑ <u>胡簋之事</u>，则 e 尝学之矣；甲兵之事，未之闻也。（哀公 11·6）

以上句子中画线的部分均为话题。一般句子的主语和谓语动词之间具有施事关系，但是这类句子的话题多为谓语动词所关涉的对象或是谓语动词的受事。实际上，上述句子可以分为 3 小类：例 ⑦ ~ ⑭ 为一类，其中画线部分既是话题，又是主语，从语义上看，是句中动词所关涉的对象；例 ⑮ ~ ⑱ 为一类，从语义上看，画线部分是句中动词的受事；例 ⑲ ~ ㉑ 为一类，它和第二类的不同之处是充当述题的小句省略了主语。

有时为了对谓语动词所关涉对象的强调，还可以在一般名词和名词性短语前加上介词"于""以""在"。这种形式多见于《孟子》，《左传》次之，《论语》则没有。例如：

㉒ 孔子兼之，曰："我<u>于辞命</u>，则 e 不能也。"（孟子 3·2）

㉓ 汤<u>之于伊尹</u>，桓公<u>之于管仲</u>，则 e 不敢召。（孟子 4·2）

㉔ <u>以母</u>则 e 不食，<u>以妻</u>则 e 食之。（孟子 6·10）

㉕ <u>以兄之室</u>则 e 弗居，<u>以於陵</u>则 e 居之。（孟子 6·10）

㉖ <u>在他人</u>则 e 诛之，<u>在弟</u>则 e 封之。（孟子 9·3）

㉗ 吾<u>于子思</u>则 e 师之矣，吾<u>于颜般</u>则 e 友之矣。（孟子 10·3）

㉘ <u>以位</u>，则子，君也，我，臣也，何敢与君友也？（孟子 10·7）

㉙ <u>于天子</u>，则诸卿皆行，公不自送。（桓公 3·6）

㉚ <u>于小国</u>，则上大夫送之。（桓公 3·6）

㉛ 故<u>以国</u>则废名，<u>以官</u>则废职，<u>以山川</u>则废主，<u>以畜牲</u>则废祀，<u>以器币</u>则废礼。（桓公 6·6）

比较例 ⑳ 和例 ㉖，例 ⑮ 和例 ㉙、例 ㉚，可以确定例 ㉒ ~ ㉛ 中的介词短语和例 ⑦ ~ ㉑ 中的名词或名词性短语，在句子中的功能是相似的。

据笔者考察，古汉语中的话题句多表示对人事的评议，可以称为评议句。在评议句中，首先提出评议对象，即话题，然后展开评议，话题是句子中被强调的成分。以上"则"字句中句首体词性成分具有话题的性质，同样也是句子中被强调的成分。有时还可以在话题前加上提示语"若""如"

"夫""乃若""若夫"等，表示对该成分的强调。① 例如：

㉜ 君子创业垂统，为可继也；<u>若夫</u>成功，则天也。（孟子 2·14）
㉝ <u>若</u>曾子，则可谓养志也。（孟子 7·19）
㉞ <u>若夫</u>君子所患则亡矣。（孟子 8·28）
㉟ <u>若</u>臣，则不可以入矣。（哀公 14·4）
㊱ <u>若</u>圣与仁，则吾岂敢？（论语 7·34）
㊲ <u>若</u>季氏则吾不能，以季、孟之间待之。（论语 18·3）
㊳ <u>若</u>羁也，则君知其出也，而未知其入也，羁将逃也。（定公 1·2）
㊴ <u>若</u>禹、皋陶，则 e 见而知之；<u>若</u>汤，则 e 闻而知之。（孟子 14·38）
㊵ <u>乃若</u>所忧，则 e 有之。（孟子 8·28）
㊶ <u>乃若</u>其情则 e 可以为善矣，乃所谓善也。（孟子 11·6）

2. 谓词性话题句

谓词性话题句是指由动词、形容词及动词性短语充当话题的句子。谓词性成分直接做句子的话题是汉语语法的一大特点。赵元任认为，当动词、动词性短语及带有关联词语的条件、转折、原因、处所、时间等副词性小句出现于句子开头时，可以做话题或主语。② 朱德熙指出："就汉语本身的实际情况来看，动词和形容词既能做谓语，又能做主宾语。做主宾语的时候，还是动词、形容词，并没有改变性质。这是汉语区别于印欧语的一个非常重要的特点。"③ 赵先生和朱先生持主语和话题等同说，本书也把下列句子中的谓词性成分看作句子的话题，大概是不会有争议的。谓词性话题句可以细分为 5 种类型。

（1）VP（SP）+则+NP。

这种句子的话题是动词性短语或主谓短语，述题则由名词或名词性短语充当。主要见于《左传》，《孟子》少见，《论语》中则没有出现。例如：

---

① "若""如""夫"等词，有人把它们归为连词，有人把它们看作发语词，总之，它们表示强烈的语气，起转折作用，即从一个话题转入另一话题。本书把它们看成话题的提示语。
② 参见赵元任《中国话的文法》，河北教育出版社 1996 年版。
③ 朱德熙：《语法答问》，商务印书馆 1985 年版。

㊷ 天下之言性也，则故而已矣。（孟子 8·26）

㊸ 其妻问其所与饮食者，则尽富贵也。（孟子 8·33）

㊹ 敝邑以赋与陈、蔡从，则卫国之愿也。（隐公 4·3）

㊺ 冀之既病，则亦唯君故。（僖公 2·2）

㊻ 穆氏宜存，则固愿也。（宣公 4·2）

㊼ 若以匹敌，则亦晋君之母也。（成公 2·3）

㊽ 苟反，政由甯氏，祭则寡人。（襄公 26·2）

㊾ 郑于是不敢南面。楚失华夏，则析公之为也。（襄公 26·10）

㊿ 犹在竟内，则卫君也。（昭公 20·4）

(51) 若得从君而归，则固臣之愿也，敢有异心？（昭公 31·2）

(52) 苟我寡君之命达于君所，虽陨于深渊，则天命也。（哀公 15·2）

(53) 若得视卫君之事君也，则固所愿也。（哀公 15·4）

以上例句中的“则”字，杨树达先生认为是不完全内动词。① 按杨先生的看法，“则”相当于现代汉语的判断词“是”。王力先生认为，“则”在上古汉语里只是个副词，修饰判断语。② 本书同意王力先生对以上句子结构的分析，但把“则”看作连接话题和述题的连词，其功能和体词性话题句中的“则”字相当。此外，“则”后常常出现“固”“亦”等副词。如果认为“则”是副词，那么其后再带副词，也于情理不合。

（2）AP + 则 + VP（其中，AP 代表形容词或形容词性短语）。

(54) 奢则不孙，俭则固。（论语 7·36）

(55) 恭则不侮，宽则得众，信则人任焉，敏则有功，惠则足以使人。（论语 17·6）

(56) 宽则得众，信则民任焉，敏则有功，公则说。（论语 20·1）

(57) 天下归殷久矣，久则难变也。（孟子 3·1）

(58) 仁则荣，不仁则辱。（孟子 3·4）

(59) 不直则道不见，我且直之。（孟子 5·5）

---

① 参见杨树达《高等国文法》，商务印书馆 1984 年版，第 94 页。

② 参见王力《汉语语法史》，见《王力文集》（第 11 卷），山东教育出版社 1990 年版。

(60) 今一见之，大则以王，小则以霸。（孟子 6·1）
(61) 穷则独善其身，达则兼善天下。（孟子 13·9）
(62) 绞小而轻，轻则寡谋。（桓公 12·3）
(63) 多则多矣，抑君似鼠。（襄公 23·8）
(64) 其行速，过险而不整。速则失志，不整丧列。（成公 16·5）
(65) 周志有之："勇则害上，不登于明堂。"（文公 2·1）

以上句子中画线的形容词只能理解为句子的话题或主语，因为根据语境或上下文，很难再补出其他成分。

（3）VP_1 + 则 + VP_2。

(66) 忠之属也，可以一战。战则请从。（庄公 10·1）
(67) 思则有备，有备无患。敢以此规。（襄公 11·5）
(68) 有德则乐，乐则能久。（襄公 24·2）
(69) 若由是观之，则害于国。（昭公 11·10）
(70) 有役则反之，无则取之。（昭公 20·4）
(71) 学而不思则罔，思而不学则殆。（论语 2·15）
(72) 出则事公卿，入则事父兄。（论语 9·16）
(73) 欲速则不达，见小利则大事不成。（论语 13·17）
(74) 立，则见其参于前也；在舆，则见其倚于衡也。夫然后行！（论语 15·6）
(75) 周之则受，赐之则不受，何也？（孟子 10·6）
(76) 治则进，乱则退。（孟子 0·1）
(77) 今也为臣，谏则不行，言则不听。（孟子 8·3）
(78) 若夫润泽之，则在君与子矣。（孟子 5·3）

以上句子中画线的动词或动词性短语和（2）中形容词一样，均直接充当句子的主语。和（2）不同的是，AP 前一般不能补出其他语义成分，VP_1 和 VP_2 前可以根据语境补出语义主语，但在实际运用过程中，语义主语一般不能出现。

（4） NP + VP$_1$ + 则 + VP$_2$。

㊟ 子路，人告之以有过则喜。（孟子3·8）
⑧ 弟子入则孝，出则弟。（论语1·6）
㉛ 君子不重则不威，学则不固。（论语1·8）
㊝ 宵武子，邦有道，则知；邦无道，则愚。（论语5·21）
㊣ 孟公绰为赵魏老则优，不可以为滕薛大夫。（论语14·11）
㊤ 智，譬则巧也；圣，譬则力也。（孟子10·1）
㊥ 国君，文足昭也，武可畏也，则有备物之飨，以象其德。（僖公30·4）
㊦ 我克则进，奔则亦视之，乃可以免。（襄公25·8）
㊧ 有官守者，不得其职则去；有言责者，不得其言则去。（孟子4·5）
㊨ 公子若反晋国，则 e 何以报不谷？（僖公23·6）
㊩ 其自为谋也则 e 过矣，其为吾先君谋也则 e 忠。（成公2·6）
㊪ 民知有辟，则 e 不忌于上。（昭公6·3）
㊫ 吾闻之：小国忘守则 e 危，况有灾乎？（昭公18·6）
㊬ 君若爱司马，则 e 如亡。（昭公21·4）
㊭ 今王与百姓同乐，则 e 王矣。（孟子2·1）
㊮ 王如善之，则 e 何为不行？（孟子2·5）
㊯ 禹闻善言则 e 拜。（孟子3·8）
㊰ 昔者偃也闻诸夫子曰：君子学道则 e 爱人，小人学道则 e 易使也。（论语17·4）

以上句子有一个共同点，就是NP在语义上既支配VP$_1$，同时也支配VP$_2$，但从结构关系上看，以上句子实际上可以分为两类：例 ㊟～㊧ 为一类，按徐烈炯、刘丹青的分析，NP为句子的主语，画线的动词或动词性短语为次话题①；例 ㊨～㊰ 为另一类，可以看成是小句（SP）充当话题，充当述题的小句的主语承话题小句的主语省略了。这两类句子，表面看来相似，实际上其结构关系是不同的。前一类中VP$_1$和"则 + VP$_2$"构成结构体，后一类

---

① 参见徐烈炯、刘丹青《话题的结构与功能》，上海教育出版社1998年版。

中 VP₁ 和 NP 构成结构体。

（5） SP₁ + 则 + SP₂。

⑨⑦ 如有复我者，则吾必在汶上矣。（论语6·9）
⑨⑧ 君子笃于亲，则民兴于仁；故旧不遗，则民不偷。（论语8·2）
⑨⑨ 名不正，则言不顺。（论语13·3）
⑩⑩ 天下有道，则政不在大夫。（论语16·2）
⑩① 人弃常，则妖兴，故有妖。（庄公14·2）
⑩② 若晋君朝以入，则婢子夕以死；夕以入，则朝以死。（僖公15·4）
⑩③ 若吾子赖之，则晋国贰。（襄公24·2）
⑩④ 子若欲战，则吾退舍。（僖公33·10）
⑩⑤ 经正，则庶民兴；庶民兴，斯无邪慝矣。（孟子14·37）
⑩⑥ 七、八月之间旱，则苗槁矣。（孟子1·6）
⑩⑦ 邹人与楚人战，则王以为孰胜？（孟子1·7）
⑩⑧ 王之好乐甚，则齐国其庶几乎？（孟子2·1）

以上是小句充当话题的句子，和（4）中的句子区别在于，SP₁中的主语和SP₂中的主语不能同指，故句子的话题为小句或主谓短语。SP₁多用表示假设关系的连词"若""如"等，即使没有出现表示假设关系的词语，SP₁也多表示假设或条件。有时候SP₁和SP₂中的主语可以省略。① 例如：

⑩⑨ 临之以庄，则（民）敬；孝慈，则（民）忠；举善而教不能，则（民）劝。（论语2·20）
⑩⑩ 使子路反见之。（子路）至则（丈人）行矣。（论语18·7）
⑪⑪ 君馈之粟，则（汝）受之乎？（孟子10·6）

"则"字连接的话题句，从话语表达上看，具有表示强调、假设、条件语气和话语衔接功能，而且多用于评议句。以下是话题表示话语衔接功能的例子：

---

① 王力先生指出："连词'则'字可以帮助人们了解主语的变换，所以'则'字后面往往可以省略主语。"[《汉语史稿》（中册），中华书局1980年版，第460页]

⑫ 沐则心覆，心覆则图反，宜吾不得见也。（僖公24·1）
⑬ 易覯则民愁，民愁则垫隘，于是乎有沈溺重膇之疾。（成公6·5）
⑭ 无威则骄，骄则乱生，乱生必灭，所以亡也。（襄公27·6）
⑮ 政宽则民慢，慢则纠之以猛。猛则民残，残则施之以宽。宽以济猛，猛以济宽，政是以和。（昭公20·9）
⑯ 名不正，则言不顺；言不顺，则事不成；事不成，则礼乐不兴；礼乐不兴，则刑罚不中；刑罚不中，则民无所措手足。（论语13·3）
⑰ 自得之则居之安，居之安则资之深，资之深则取之左右逢其原。（孟子8·14）

以上例句都是前一句子的述题充当后一句子的话题，这也进一步证明了"则"的话题标记功能。

二、"NP + 之 + VP（PP）"话题句

所谓"NP + 之 + VP（PP）"话题句，是指由名词或名词性短语加"之"，再加动词性短语或介词短语组成名词性词组充当话题的句子。例如：

① <u>赤之适齐也</u>，乘肥马，衣轻裘。（论语6·4）
② <u>民之为道也</u>，有恒产者有恒心，无恒产者无恒心。（孟子5·3）
③ <u>夫子之在此也</u>，犹燕之巢于幕上。（襄公29·13）

以上句子中画线的部分为句子的话题。王力先生《汉语史稿》（中册）称画线部分为句子的仂语化，后来又认为这种"之"字结构并不是子句，而只是名词性词组，它们所在的句子也不是复句或包孕句，而是单句。这种主谓结构插入"之"构成的名词性词组可以做主语、判断语、宾语或关系语。① 其实，这种"之"字结构从意义上看，相当于一般主谓短语，而它的句法功能却相当于名词性短语。我们认为，把王力认为做主语或关系语的"之"字句看作话题，也许更为适合。一则因为大多数处于句首的"之"字句后

---

① 参见王力：《汉语语法史》，见《王力文集》（第11卷），山东教育出版社1984年版，第319～327页。

带有"也"字，笔者曾经论证过，先秦汉语的句中语气词"也"具有话题标记作用，而这里的"也"和其他带"也"的话题句在功能上无异；二则王力先生所谓的关系语，也有人曾提出异议。"之"字结构做话题的句子可以分为3类。

1. NP + 之 + VP，C

NP代表名词或名词性短语，VP代表动词性短语，C代表述题。从语义主语省略的观点看，这类句子又可细分为3小类。

第一类话题中的语义主语和述题中的语义主语同指，故述题中的语义主语省略。例如：

④ 夫<u>君子</u>之居丧，e食旨不甘，e闻乐不乐，e居处不安，故e不为也。（论语17·21）

⑤ <u>君子</u>之仕也，e行其义也。（论语18·7）

⑥ 故<u>王</u>之不王，e不为也，e非不能也。（孟子1·7）

⑦ <u>孔子</u>之去齐，e接淅而行。（孟子10·1）

⑧ <u>夫子</u>之设科也，e往者不追，e来者不拒。（孟子14·30）

⑨ <u>人</u>之有道也，e饱食暖衣，e逸居而无教，则e近于禽兽。（孟子5·4）

⑩ <u>益</u>之相禹也，e历年少，e施泽于民未久。（孟子9·6）

⑪ <u>公</u>之为公子也，e与郑人战于狐壤，止焉。（隐公11·8）

⑫ <u>齐侯</u>之出也，e过谭，谭不礼焉。（庄公10·4）

⑬ <u>林父</u>之事君也，e进思尽忠，e退思补过，e社稷之卫也，若之何杀之？（宣公12·5）

⑭ <u>小国</u>之事大国也：e德，则其人也；e不德，则其鹿也，铤而走险，急何能择？（文公17·4）

⑮ <u>子产</u>之从政也，e择能而使之。（襄公31·10）

第二类是话题的语义主语和述题的主语异指，则述题的主语不得省略。例如：

⑯ <u>君子</u>之至于斯也，吾未尝不得见也。（论语3·24）

⑰ <u>鸟</u>之将死，其鸣也哀；<u>人</u>之将死，其言也善。（论语8·4）

⑱ 君子之为道也，其志亦将以求食与？（孟子6·4）
⑲ 王之好乐甚，则齐其庶几乎！（孟子2·1）
⑳ 君之视臣如土芥，则臣视君如寇雠。（孟子8·3）
㉑ 昭王之不复，君其问诸水滨！（僖公4·1）
㉒ 民之不处，其谁堪之？（昭公4·4）
㉓ 公孟之不善，子所知也。（昭公20·4）
㉔ 陈共公之卒，楚人不礼焉。（宣公1·8）

这一类和上一类的不同，除了话题和述题的主语不能同指之外，还有充当话题的"之"字结构后面很少带"也"字。

第三类"之"字结构充当的话题是述题判断、叙述和解释的对象，主要见于《孟子》，《论语》和《左传》次之。例如：

㉕ 天下之无道也久矣。（论语3·24）
㉖ 人之生也直，罔之生也幸而免。（论语6·19）
㉗ 子之燕居，申申如也，夭夭如也。（论语7·4）
㉘ 夫子之不可及也，犹天之不可阶而升也。（论语19·25）
㉙ 王之不王，是折枝之类也。（孟子1·7）
㉚ 百姓之不见保，为不用恩焉。（孟子1·7）
㉛ 民之憔悴于虐政，未有甚于此时者也。（孟子3·1）
㉜ 人之有是四端也，犹其有四体也。（孟子3·6）
㉝ 夫物之不齐，物之情也。（孟子5·4）
㉞ 士之仕也，犹农夫之耕也。（孟子6·3）
㉟ 士之托于诸侯，非礼也。（孟子10·6）
㊱ 禹之治水，水之道也。（孟子12·11）
㊲ 天之弃商久矣。（僖公22·8）
㊳ 郑之有灾，寡君之忧也。（昭公18·6）
㊴ 吾子之请，诸侯之福也，岂唯寡君赖之！（襄公2·5）
㊵ 夷狄之有君，不如诸夏之亡也。（论语3·5）

以上句子的特点是充当述题的多是名词或形容词性成分，或者用"犹""如"等词连接话题和述题。

2. NP_1 + 之 + 于 + NP_2，C

这类句子在结构上同于上文"NP + 之 + VP，C"，关键是如何看待"于"的性质。过去一般把它看作介词。郭锡良认为，这种用法的"于"产生于春秋战国时期，表示"对于"的意义，并认为它是由"去到"义动词"于"虚化而来的动词。因为它从不出现在别的动词后面，经常不需要别的动词，就可以单独成句。① 例如：

㊶ 吾之于人也，e 谁毁谁誉？（论语 15·25）

㊷ 始吾于人也，e 听其言而信其行；今吾于人也，e 听其言而观其行。（论语 5·10）

㊸ 寡人之于国也，e 尽心焉耳矣。（孟子 1·3）

㊹ 君子之于禽兽也，e 见其生，e 不忍见其死；e 闻其声，e 不忍食其肉。（孟子 1·7）

㊺ 仁人之于弟也，e 不藏怒焉，e 不宿怨焉，e 亲爱之而已矣。（孟子 9·3）

㊻ 桓公之于管仲，e 学焉而后臣之，故 e 不劳而霸。（孟子 4·2）

㊼ 口之于味也，e 有同嗜焉；耳之于声也，e 有同听焉；目之于色也，e 有同美焉。（孟子 11·7）

㊽ 缪公之于子思也，e 亟问，e 亟馈鼎肉。（孟子 10·6）

㊾ 中行伯之于晋也，其位在三。（成公 3·7）

㊿ 孙子之于卫也，位为上卿，将谁先？（成公 3·7）

㈤ 鲁之于晋也，职贡不乏，玩好时至，公卿大夫相继于朝，史不绝书，府无虚月。（襄公 29·11）

㈥ 知之于贤者也，圣人之于天道也，命也。（孟子 14·24）

㈦ 口之于味也，目之于色也，耳之于声也，鼻之于臭也，四肢之于安佚也，性也，有命焉。（孟子 14·24）

㈧ 麒麟之于走兽，凤凰之于飞鸟，泰山之于丘垤，河海之于行潦，类也。（孟子 3·2）

㈨ 民之于仁也，甚于水火。（论语 15·35）

---

① 参见郭锡良《介词"于"的起源和发展》，《中国语文》1997 年第 2 期。

(56) 礼之于政，如热之有濯也。（襄公31·10）

以上句子和“NP+之+VP，C”一样，也可以分为3小类：例㊶～㊽为一类，话题和述题的语义主语同指；例㊾～(51)为一类，话题和述题的主语异指；例(52)～(56)为一类，其述题多为名词性成分，或述题前有“如”“若”等词。

3. 其+VP，C

在先秦时期，“其”一般不单独做主语，它相当于“名词+之”①，因此，我们把“其+VP”结构放在这里讨论。如果对“其”的这种认识是正确的，那么由它构成的短语在结构和用法上都和“NP+之+VP，C”相当。例如：

(57) 其为人也，e发愤忘食，e乐以忘忧，e不知老之将至云尔。（论语7·19）

(58) 其为人也，e小有才，e未闻君子之大道也，则足以杀其躯而已矣。（孟子14·29）

(59) 其出也，e窃藏以逃，e尽用以求纳之。（僖公24·1）

(60) 其为君也，e淫而不父。（襄公28·6）

(61) 其生也荣，其死也哀，如之何其可及也。（论语19·25）

(62) 直谓子产：“有君子之道四焉：其行己也恭，其事上也敬，其养民也惠，其使民也义。”（论语5·16）

(63) 大隧之中，其乐也融融；大隧之外，其乐也泄泄。（隐公1·4）

(64) 其交也以道，其接也以礼，斯孔子受之矣。（孟子10·4）

(65) 其居火也久矣。（昭公17·5）

例(57)～(60)话题和述题的主语同指，例(61)～(65)的述题多为形容词或名词性短语。

① 参见王力《汉语语法史》，见《王力文集》（第11卷），山东教育出版社1990年版；郭锡良《汉语第三人称代词的起源和发展》，载《语言学论丛》（第6辑），商务印书馆1980年版。

三、其他话题句

区分汉语的主语和话题，至少可以追溯到《马氏文通》。马氏指出："句读内有同指一名以为主次、为宾次或为偏次者，往往冠其名于句读之上，一若起词者然，避重名也。"例如：

① <u>甯武子</u>，邦有道，则知，邦无道，则愚。（论语5·21）
② <u>子路</u>，人告之以有过则喜。（孟子3·8）
③ <u>今夫麰麦</u>，播种而耰之，其地同，树之时又同，浡然而生，至于日至之时，皆熟矣。（孟子11·7）
④ <u>夫颛臾</u>，昔者先王以为东蒙主，且在邦域之中矣，是社稷之臣也。何以伐为？（论语16·1）

以上句子中画线的部分，马氏说它们"若起词"，也就是说像起词。可见，他认为这一类起词和他所列的其他起词是有区别的。其后，陈承泽也注意到了这类成分的特殊性，他在《国文法草创》中说："故其文法上发展之径路，与西文异。如'标语'（即'鸟吾知其能飞'之'鸟'，《马氏文通》论句读编卷一系七所举之一部分，高元先生谓之'前词'者）……"事实上，《马氏文通》所谓的"若起词"或陈氏所谓的"标语"都相当于当今所说的"话题"。根据话题句的结构特点，可以把他们所列举的话题句分为3类。

（1）"则"字话题句（见第二章第三节第一部分），如例①。
（2）复指话题句。此类话题句的特点是，在充当述题的小句中用代词复指句首的名词性成分，该名词性成分就是句子的话题，如例②中的"之"复指"子路"，例③中的"之"复指"麰麦"。复指话题的代词还可以出现在小句中做主语或定语。这类话题在汉语中极为常见，现代学者多称之为"主谓谓语句"。
（3）移位话题句。所谓移位话题句，是指充当述题的小句中的动词或介词后的支配成分移位于句首充当句子的话题，而在动词或介词后留下句法空位，话题成分可以放回此空位而不改变句子的命题内容，并且在语法上是可以接受的。如例④中"夫颛臾，昔者先王以为东蒙主"可以变换成"昔者先王以颛臾为东蒙主"。古汉语介词"以""与"后的支配成分经常可以移位于句首充当话题。(见第四章)动词后的支配成分也常可以移位于句首充当话题，例如：

⑤ 衣食所安，弗敢专 e 也，必以 e 分人。（庄公 10·1）

例 ⑤ 中"衣食所安"既是动词"专"支配的成分，也是介词"以"支配的成分。

有时候，在同一个句子里，既有移位话题，也有复指话题。例如：

⑥ 求也，千室之邑，百乘之家，可使 e 为之宰也。（论语 5·8）

例 ⑥ 中，"求"为移位话题，"千室之邑，百乘之家"为复指话题，用介词"为"后的代词"之"复指。关于动词后句法空位的详细论述，见第三章第四节。

通过对先秦汉语话题句的观察，我们发现话题句中充当述题的小句的主语常常可以省略。"则"字话题句和"之"字结构话题句中主语省略的论述见前文。下面探讨复指话题句和移位话题句中主语省略的情况。

⑦ 赐也，e 始可与 [ ] 言《诗》矣，e 告诸往而知来者。（论语 1·15）

⑧ 旧令尹之政，e 必以 [ ] 告新令尹。（论语 5·19）

⑨ e 可与 [ ] 共学，e 未可与 [ ] 适道；e 可与 [ ] 适道，e 未可与 [ ] 立；e 可与 [ ] 立，e 未可与 [ ] 权。（论语 9·30）

⑩ e 可与 [ ] 言，e 而不与之言，失人；e 不可与 [ ] 言，e 而与之言，失言。（论语 15·8）

⑪ 鄙夫 e 可与 [ ] 事君也与哉？（论语 17·15）

⑫ 君子不以绀緅饰，e 红紫不以 [ ] 为亵服。（论语 10·6）

⑬ 鸟兽 e 不可与 [ ] 同群，吾非斯人之徒与，而谁与？（论语 18·6）

⑭ 不仁者，e 可与 [ ] 言哉？（孟子 7·8）

⑮ 仲子，e 不义与之齐国而弗受，人皆信之，是舍箪食豆羹之义也。（孟子 13·34）

⑯ 士 e 未可以言而言，是以言餂之也；e 可以言而不言，是以不言

话之也。（孟子 14·31）

⑰ 先君之敝器，e 请以 [ ] 谢罪。（昭公 7·1）
⑱ 唯器与名，e 不可以 [ ] 假人，君之所司也。（成公 2·2）

以上是介词支配成分移位做句子的话题，其主语省略的例子。"e"代表省略的主语，方括号后的空位与句子话题同指。例⑨和例⑩中不仅省略了主语，连话题也省略了。

⑲ 父母之年，e 不可不知 [ ] 也。（论语 4·21）
⑳ 由也，千乘之国，e 可使 [ ] 治其赋也。（论语 5·8）
㉑ 夫子之文章，e 可得 [ ] 而闻也；夫子之言性与天道，e 不可得 [ ] 而闻也。（论语 5·13）
㉒ 雍也，e 可使 [ ] 南面。（论语 6·1）
㉓ 仁者，虽 e 告之曰……（论语 6·26）
㉔ 民 e 可使 [ ] 由之，e 不可使 [ ] 知之。（论语 8·9）
㉕ 法语之言，e 能无从 [ ] 乎？改之为贵。（论语 9·24）
㉖ 三军 e 可夺 [ ] 帅也，匹夫 e 不可夺 [ ] 志也。（论语 9·26）
㉗ 晋楚之富，e 不可及 [ ] 也。（孟子 4·2）
㉘ 燕 e 可伐 [ ] 与？（孟子 4·8）
㉙ 一箪食，一豆羹，e 得之则生，e 弗得 [ ] 则死。（孟子 11·10）

以上是动词支配成分移位充当话题的句子中主语的省略。"e"代表省略的主语，方括号中的空位与话题同指。

㉚ 老者 e 安之，朋友 e 信之，少者 e 怀之。（论语 5·26）
㉛ 俎豆之事，则 e 尝闻之矣；军旅之事，e 未之学也。（论语 15·1）
㉜ 子夏曰："可者 e 与之，其不可者 e 拒之。"（论语 19·3）
㉝ 五亩之宅，e 树之以桑，五十者可以衣帛矣！（孟子 1·3）
㉞ 三里之城，七里之郭，e 环而攻之而不胜。（孟子 4·1）
㉟ 若臧武仲之知，公绰之不欲，卞庄子之勇，冉求之艺，e 文之以礼乐，亦可以为成人矣。（论语 14·12）

以上是复指话题句中主语的省略。其中，加波浪线的代词和句子的话题同指。我们确定以上句子中主语的省略，是基于句子中主语没有省略的情形。例如：

㊱ 殷礼，吾能言之，杞不足征也。（论语3·9）
㊲ 巧言、令色、足恭，左丘明耻之，丘亦耻之。（论语5·25）
㊳ 水火，吾见蹈而死者矣，未见蹈仁而死者也。（论语15·35）
㊴ 圣则吾不能，我学不厌而教不倦也。（孟子3·2）

本书认定的移位话题，例 ⑫ 和例 ㊳ 是明显的证据。它们分别是前句动词或介词的支配成分移位，而后句不移位。依据前后句，例 ⑫ 和例 ㊳ 可以变换为：

㊵ 君子不以绀緅饰，e 不以红紫为亵服。
㊶ 君子绀緅不以［　］饰，e 红紫不以［　］为亵服。
㊷ 吾见蹈水火而死者矣，未见蹈仁而死者也。
㊸ 水火，吾见蹈［　］而死者矣，仁，未见蹈［　］而死者也。

省略主语的话题句有两个特点：① 多见于表示议论的语篇中，因而《论语》《孟子》中出现较多，而《左传》中少见；② 省略主语的句子的动词或介词常常受助动词"可"的修饰。①

第四节　叙述语篇中主语的省略

本书把语篇定义为以单句为基本结构单位，在一定语境中实际运用的语义连贯的超句统一体。我国素有语篇研究的传统，但其研究内容大多局限于

---

① 《马氏文通》认为，"'可''足'两字后动字，概有受动之意"。《孟子·公孙丑下》："晋楚之富，不可及也。"马氏解释说："犹云：'晋楚之富非为人所可及'也。以'可'字先乎'及'字，'及'字即有受动之意。盖人所不可及者其富。"据马氏的分析，"不可及也"之前仍省略了施事成分"人"。"可""足"作为助动词，其后的动词并不都能解作被动意义（参见姚振武《先秦汉语受事主语句系统》，《中国语文》1999年第6期）。

文章学和修辞学。现代语篇语言学主要研究个别词语的用法，指示代词的用法，句子的主述结构、信息结构、篇章结构等。省略作为一种重要的语篇衔接手段，理所当然要研究它在不同语篇中的分布情况及其作用。① 郑远汉先生指出：

> 从宏观上说，不同语体、不同风格的言语作品，对于省略的需要，使用省略的情形，都不尽相同，这是客观实际，我们必须尊重并研究这个客观实际，不能拿一种主观设定的模式，或者拿只在某一范围适用的要求，去恒定或者要求一切语体和风格的言语作品。……正式体（含庄重体、书卷体等）求语言正规、严整，非正式体（含谈话体、口语体、随意体）求语言灵便、活泼，它们在使用省略的频度上，尤其是对于省略方式、省略句类型的选取上，有明显差异。②

郑先生考察了现代汉语中正式体和非正式体中省略的情况。本节联系先秦汉语的特点，从语篇语言学的角度，把先秦汉语分为3种类型，即叙述语篇、议论语篇和对话语篇。第二章第三节实际上就涉及了议论语篇中主语省略的情形，对话语篇中的省略见第五章。本节则择取《左传》为语料，着重考察叙述语篇中主语的省略。尽管《左传》是一部编年体历史著作，但它具有小说的笔法，它的叙述、描写生动形象，尤其擅长于战争场面的描写。因此，文学史上一般也把它归为叙述体文学。我们选取其中叙述性较强的20篇文章，对其主语的省略逐句分析，从中可以窥测先秦汉语叙述语篇中主语省略的大致情形。③

---

① 如黄国文《语篇分析概要》、胡壮麟《语篇的衔接与连贯》均把省略作为语篇衔接的方式之一。
② 郑远汉：《省略句的性质及其规范问题》，《语言文字应用》1998年第2期。
③ 本书选取的《左传》中的20篇文章是：隐公1·4、3·7；桓公5·3、6·4、8·2、16·5；庄公4·1、8·3、10·1、12·1、28·2；僖公4·1、4·6、28·4、32·3；宣公2·3；襄公10·12、14·3、24·8；定公5·7。

一、叙述语篇中主语省略的方式

在叙述语篇中，主语省略的形式丰富多变，大略可以分为4类。

1. 并列省

所谓并列省，是指几个并列或连贯的分句共一个主语。这是主语省略最主要的方式。一般来说，共主语的连续的几个分句往往组成一个复句或句群。例如：

① 大叔$_1$完聚，e_1缮甲兵，e_1具卒乘，e_1将袭郑，夫人将启之。（隐公1·4）

② 壬寅，公子$_1$入于晋师。丙午，e_1入于曲沃。丁未，e_1朝于武宫。戊申，e使杀怀公于高梁。（僖公24·1）

③ 刿$_1$曰："未可。"e_1下，e_1视其辙，e_1登轼而望之，e_1曰："可矣！"（庄公10·1）

④ 十二年，秋，宋万$_1$弑闵公于蒙泽。e_1遇仇牧于门，e_1批而杀之。e_1遇大宰督于东宫之西，e_1又杀之。e_1立子游。（庄公12·1）

⑤ 公$_1$祭之地，地坟。e_1与犬，犬毙。e_1与小臣，小臣亦毙。（僖公4·6）

2. 连锁省

所谓连锁省，是指前句中的宾语或定语充当后句的主语，而该主语通常省略，使得前后句子像链条一般，一环扣一环。例如：

⑥ 卫庄公$_1$娶于齐东宫得臣之妹$_2$，e_2曰庄姜$_3$，e_3美而无子，卫人所为赋《硕人》也。e_1又娶于陈，e曰厉妫$_4$，e_4生孝伯$_5$，e_5早死。（隐公3·7）

⑦ 初，郑武公娶于申，e曰武姜$_1$，e_1生庄公及共叔段。（隐公1·4）

⑧ 射其左$_1$，e_1毙于车下。射其右$_2$，e_2毙于车中。（成公2·3）

⑨ 蹇叔$_1$之子与师，e_1哭而送之曰……（僖公32·3）

⑩ 宣子骤谏，公患之，使鉏麑$_1$贼之。e_1晨往，寝门辟矣。（宣公2·3）

例⑥～⑧后句的主语承上句的宾语省,例⑨后句的主语承前句的定语省,例⑩后句的主语承前句的兼语省。

3. 错综省

所谓错综省,是指前面句子中依次出现了不同的主语,而后面句子中的主语也依次省略。例如:

⑪ 初,宣子₁田于首山,e₁舍于翳桑,e₁见灵辄₂饿,e₁问其病。e₂曰:"不食三日矣。"e₁食之,e₂舍其半。e₁问之,e₂曰:"宦三年矣,未知母之存否,今近焉,请以遗之。"e₁使尽之,e₁而为之箪食与肉,e₁寘诸橐以与之。e₂既而与为公介,e₂倒戟以御公徒而免之。e₁问何故。e₂对曰:"翳桑之饿人也。"e₁问其名居,e₂不告而退,e₂遂自亡也。(宣公2·3)

⑫ 楚人₁为食,吴人₂及之,e₁奔,e₂食而从之。(定公4·3)

⑬ 天子₁所右,寡君₂亦右之;e₁所左,e₂亦左之。(襄公10·12)

4. 当前省

所谓当前省,是指不依赖于上下文而从当时的语意、习惯就可以推导出来的主语省略现象,如在对话中"我""你""他"等做主语就常常省略。例如:

⑭ 公子吕曰:"国不堪贰,君将若之何?e欲与大叔,臣请事之;e若弗与,则e请除之,e无生民心。"公曰:"e无庸,e将自及。"(隐公1·4)

⑮ 公曰:"小大之狱,e虽不能察,e必以情。"对曰:"e忠之属也,e可以一战。e战,则e请从。"(庄公10·1)

我们把叙述语篇中主语的省略分为以上4种方式。其中,前3种属于上下文语境省略,后一种属于非上下文语境省略。除《左传》之外,其他文献也常见上述省略方式,不过,在频率上不如《左传》高。下面是见于《论语》中的部分例子:

⑯ 子曰："吾₁十有五而志于学，e₁三十而立，e₁四十而不惑，e₁五十而知天命，e₁六十而耳顺，e₁七十而从心所欲，不逾矩。"（论语2·4）

⑰ 文献₁不足故也，e₁足，则吾能征之矣。（论语3·9）

⑱ 惜乎，吾₁见其进也，e₁未见其止也！（论语9·21）

⑲ 吾与回₁言终日，e₁不违如愚。（论语2·9）

⑳ 原思为之宰，［孔子］与之₁粟九百，e₁辞。（论语6·5）

㉑ 楚狂接舆₁歌而过孔子曰：……孔子₂下，e₂欲与之言。e₁趋而辟之，e₂不得与之言。（论语18·5）

例⑯～⑱为并列省，例⑲～⑳为连锁省，例㉑为错综省。至于习惯省，在《论语》中随处可见，恕不举例。从所举《论语》主语省略例证看，它们也大多具有叙述语篇的特征。

二、叙述语篇中主语省略的频率

从本书所调查的语料看，叙述语篇中主语省略的频率相当高。我们分析了《左传》20篇文章的1115个句子，其中主语省略的有521句，约占46.7%。单篇文章中，主语省略的情况最高的占到了66%，最低的也占到了约30%。下面择取两篇做具体分析。

① 1 冬，楚子₁伐郑以救齐，2 e₁门于东门，3 e₁次于棘泽。4 诸侯还救郑。5 晋侯使张骼、辅跞₂致楚师，6 e₂求御于郑。7 郑人卜宛射犬₃，8 e 吉。9 子大叔戒之曰："10 大国之人不可与也。" 11 e₃对曰："12 无有众寡，13 其上一也。" 14 大叔曰："15 不然。16 部娄无松柏。" 17 二子在幄，18 e₂坐射犬于外；19 e₂既食而后食之。20 e₂使御广车而行，21 己皆乘乘车。22 e₃将及楚师，23 e₂而后从之乘，24 e₂皆踞转而鼓琴。25 e 近，26 e₃不告而驰之。27 e₂皆取冑于橐而冑，28 e₂入垒皆下，29 e₂搏人以投，30 e₂收禽挟囚。31 e₃弗待而出。32 e₂皆超乘，33 e₂抽弓而射。34 e₂既免，35 e₂复踞转而鼓琴，36 e₂曰："37 公孙！38 e 同乘，兄弟也，39 e 胡再不谋？" 40 e₃对曰："41 e 曩者志入而已，42 e 今则怯也。" 43 e₂皆笑，44 e₂曰："45 公孙之亟也！" 46 楚子自棘泽还，47 e₁使薳启强帅师送陈无宇。（襄公24·8）

例①中，叙述的参与者有"楚子""张骼、辅跞""宛射犬"。其中，"e_1"代表参与者"楚子"的省略，"e_2"代表参与者"张骼、辅跞"的省略，"e_3"代表参与者"宛射犬"的省略，"e"代表习惯性省略。该篇文章共有47个句子，其中省略主语的句子有31个，约占所有句子的66%。而参与者"张骼、辅跞"做主语时省略17次，参与者"宛射犬"省略5次，参与者"楚子"省略3次，习惯性省略6次。从以上统计数字可以看出，这篇文章的故事主要是围绕"张骼、辅跞"的活动展开的。

② 1 <u>王叔陈生</u>$_1$ 与伯舆争政，2 王右伯舆。3 王叔陈生怒而出奔。4 e_1及河，5 王复之，6 e_2杀史狡以说焉。7 e_1不入，8 e_1遂处之。9 晋侯使士匄平王室，10 王叔与伯舆讼焉。11 王叔之宰与伯舆之大夫瑕禽坐狱于王庭，12 士匄听之。13 王叔之宰曰："14 筚门闺窦之人而皆陵其上，15 其难为上矣。"16 瑕禽曰："17 昔平王东迁，18 吾七姓从王，19 牲用俱备，20 <u>王</u>$_2$赖之，21 e_2而赐之骍旄之盟，22 e 曰：'23 世世无失职。'24 若筚门闺窦，25 其能来东底乎？26 且王何赖焉？27 今自王叔之相也，28 e_1政以贿成，29 e_1而刑放于宠。30 官之师旅，不胜其富，31 吾能无筚门闺窦乎？32 唯大国图之！33 下而无直，34 则何谓正矣？"35 <u>范宣子</u>$_3$ 曰："36 天子所右，37 寡君亦右之；38 e 所左，39 e 亦左之。"40 e_3使王叔氏与伯舆合要，41 王叔氏不能举其契。42 王叔奔晋。43 e 不书，44 e 不告也。45 单靖公为卿士以相王室。（襄公10·12）

例②中出现的参与者有"王叔陈生""王""伯舆""士匄（范宣子）""王叔之宰""伯舆之大夫瑕禽"等。实际上，在直接叙述中，参与者的省略只涉及"王叔陈生""王"和"士匄（范宣子）"："e_1"代表"王叔陈生"的省略，共5次，"e_2"代表"王"的省略，共2次，"e_3"代表"士匄（范宣子）"的省略，1次。第38和第39句主语是错综省，作为评论句，与此文叙述的事件关系不大。第43句和第44句主语的省略是语境省，第43句前省略了《春秋》，第44句前省略了泛指的"人"。例②共有45个句子，其中省略主语的句子只有13句，约占整个句子的29%。

通过以上分析，我们发现有3个因素制约叙述语篇主语的省略。

第一，叙述中直接参与者出现的多少影响主语省略的频率。如例①的直接参与者少，所以主语省略次数多，而且较多出现错综省；例②直接参与者多，故主语省略次数少。

第二，叙述性的强弱决定主语省略的频率。所谓叙述性强，是指文章的描写多于评论；而所谓叙述性弱，是指评论多于描写。强弱只是一个等级概念。下面举个叙述性弱的例子：

③ 1 冬，晋文公卒。2 庚辰，e 将殡于曲沃。3 e 出绛，4 柩有声如牛。5 卜偃使大夫拜，6 e 曰："7 君命大事：8 将有西师过轶我，9 e 击之，10 e 必大捷焉。"11 杞子自郑使告于秦曰："12 郑人使我掌其北门之管，13 e 若潜师以来，14 国可得也。"15 穆公访诸蹇叔。16 蹇叔曰："17 劳师以袭远，e 非所闻也。18 师劳力竭，19 远主备之，20 无乃不可乎？21 师之所为，郑必知之，22 勤而无所，23 e 必有悖心。24 e 且行千里，25 其谁不知？"26 公辞焉。27 e 召孟明、西乞、白乙，28 e 使出师于东门之外。29 蹇叔哭之曰："30 孟子！吾见师之出而不见其入也！"31 公使谓之曰："32 尔何知！33 中寿，尔墓之木拱矣。"34 蹇叔之子与师，35 e 哭而送之曰："36 晋人御师必于殽。37 殽有二陵焉。38 其南陵，夏后皋之墓也；39 其北陵，文王之所辟风雨也。40 e 必死是间，41 余收尔骨焉！"42 秦师遂东。（僖公32·3）

例③中共有42个句子，其中评论性的话语就占了24个句子。整段文章省略主语的句子只有13句，约占31%。

第三，主语在语义方面的特点影响它在叙述语篇中的省略。一般来说，表示人物活动的施事主语倾向于省略，其他主语省略的概率就低多了。这一点从以上例子中主语省略的情形可以看出来。

三、语篇特征对主语省略的影响

不同的语篇在词汇、语法等方面都具有不同的特征。下面以叙述语篇和议论语篇为例来比较语篇特征对主语省略的影响。叙述语篇以描写和记事为主，语言形象生动，多用动作性强的动词，因而句子短小精练；议论语篇以评议、辩论为主，语言逻辑性强，且多用表示抽象意义的动词或形容词，句子较长。正如王力先生所说："长句子能使文气流畅，这是长句子的优点。但是长句子只适用于议论文，不适于记叙文，短句子有明快的优点，这是不可不知的。"① 如果第二章第三节第一部分论证的"则"字话题句能够成立，那么，我们可以说，议论语篇之所以长句多，是因为多用话题句。《论语》约12700字，用"则"字124次，约占全书字数的1%；《孟子》约35300字，用"则"字423次，约占全书字数的1.2%；《左传》（不包括经文）约30万字，用"则"字544次，只约占全书字数的0.2%。从以上统计数字可以看出，《左传》与《论语》《孟子》之间在言语风格上的差异。

《论语》作为孔子弟子记录孔子言行之书，是一部语录体著作。《孟子》是所谓的辩论体散文。在文学史上，有人把它们归入论说体散文。因此，把这两部书作为先秦议论语篇的代表作，分析其主语省略的情况，应该是比较适合的。和叙述语篇比较起来，议论语篇中主语的省略有3个特点。

第一，议论语篇中泛指性省略极为普遍。

所谓泛指性省略，是指主语泛指某类人和事，或者是不言而喻的，则该主语经常省略的情形。这种省略方式也是一种非上下文语境省略。《马氏文通》说："议事论道之句读，起词可省。"又说："大抵议论句读皆泛指，故无起词，此则华文所独也。"可见，泛指性省略是议论语篇中主语省略的主要类型之一。泛指性省略主要见于《论语》，《孟子》中也不乏其例。例如：

① e 学而时习之，不亦说乎？e 有朋自远方来，不亦乐乎？（论语1·1）

② e 道千乘之国，e 敬事而信，e 节用而爱人，e 使民以时。（论语1·5）

③ e 事父母能竭其力，e 事君能致其身，e 与朋友交，言而有信。e 虽曰未学，吾必谓之学矣。（论语1·7）

④ e 温故而知新，可以为师矣。（论语2·11）

⑤ e 学而不思则罔，e 思而不学则殆。（论语2·15）

⑥ e 出则事公卿，e 入则事父兄，e 丧事不敢不勉，e 不为酒困，何有于我哉！（论语9·16）

⑦ 子曰："e 不在其位，e 不谋其政。"（论语8·14）

⑧ e 生，e 事之以礼；e 死，e 葬之以礼，e 祭之以礼。（论语2·5）

⑨ 孟子曰："e 求则得之，e 舍则失之，是求有益于得也，求在我

---

① 王力：《王力文集》（第11卷），山东教育出版社1990年版，第308页。

者也。e 求之有道，e 得之有命，是求无益于得也，求在外者也。"（孟子 13·3）

以上句子中，例⑧的主语是不言而喻的，"生""死"指父母，其余皆指子女。有的语法书不认为这类句子省略了主语，如刘诚、王大年《语法学》认为这里的省略是"单纯从逻辑的角度分析的，值得商榷"。还有语法书把它们看成无主句。我们认为，这种句子主语的省略是由议论语篇的特征所决定的，如果把它们归入无主句的范围，那汉语无主句的范围也太宽泛了。

第二，正如上文所说，施事主语省略的倾向性比较大，由于议论语篇中的句子多用意义较抽象的动词或形容词，句子的主语表现出较弱的施事性，因此，除了一些非上下文语境省略，上下文语境省略形式在议论语篇里不常出现。又由于议论语篇的句子多以话题句的面貌出现，相当部分主语省略都只是充当话题或述题的小句中主语的省略。下面举《孟子》中的两段话加以说明。

⑩ 1 孟子曰："2 天时不如地利，3 地利不如人和。4 三里之城，七里之郭，e 环而攻之而不胜。5 夫环而攻之，必有得天时者矣；6 然而不胜者，是天时不如地利也。7 城非不高也，8 池非不深也，9 兵革非不坚利也，10 米粟非不多也。11 e 委而去之，是地利不如人和也。12 故 e 曰：13 e 域民不以封疆之界，14 e 固国不以山溪之险，15 e 威天下不以兵革之利。16 得道者多助，17 失道者寡助。18 寡助之至，亲戚畔之；19 多助之至，天下顺之。20 e 以天下之所顺，攻亲戚之所畔，21 故君子有不战，22 e 战必胜矣。"（孟子 4·1）

例⑩ 有 22 个句子，其中省略 8 次。除了第 22 句的主语是并列省，其余均为泛指性省略。

⑪ 1 孟子曰："2 世俗所谓不孝者五：3 e 惰其四支，e 不顾父母之养，一不孝也；4 e 博弈好饮酒，e 不顾父母之养，二不孝也；5 e 好货财，e 私妻子，e 不顾父母之养，三不孝也；6 e 从耳目之欲，e 以为父母戮，四不孝也；7 e 好勇斗狠，以危父母，五不孝也。8 章子有一于是乎？9 夫章子，子父责善而不相遇也。10 责善，朋友之道也。11 父

子责善,贼恩之大者。12 夫章子岂不欲有夫妻子母之属哉?13 e 为得罪于父,不得近;14 e 出妻屏子,15 e 终身不养焉。16 其设心以为不若是,17 是则罪之大者。18 是则章子已矣。"(孟子 8·30)

例 ⑪ 共有句子 18 个,其中真正单句主语的省略只有第 13、第 14、第 15 句 3 次,其余均为充当单句内部成分的小句主语省略。

第三,议论语篇中主语省略线索明朗,具有较强的规则性。具体表现为:一是在上下文省略方式中,多用并列省,连锁省和错综省极为少见;二是无论采用何种省略方式,省略句和非省略句在结构上具有相似性和对称性。例如:

⑫ <u>君子</u>可逝也,e 不可陷也;e 可欺也,e 不可罔也。(论语 6·26)

⑬ 昔者<u>大王</u>居邠,狄人侵之,e 事之以皮币,e 不得免焉,e 事之以犬马,e 不得免焉,e 事之以珠玉,e 不得免焉。(孟子 2·15)

⑭ 道之以政,齐之以刑,<u>民</u>免而无耻;道之以德,齐之以礼,e 有耻且格。(论语 2·3)

⑮ 季康子问:"使<u>民</u>敬、忠以劝,如之何?"子曰:"临之以庄,则 e 敬,孝慈,则 e 忠,举善而教不能,则 e 劝。"(论语 2·20)

⑯ <u>君子</u>三年不为礼,礼必坏;e 三年不为乐,乐必崩。(论语 17·21)

以上句子中画线的部分均和后面句子中省略的主语同指,由于它们在结构上具有相似性和对称性,因此很容易判断所省略主语的指称对象。

第三章 动词支配成分的省略（下）

第一节 动词的价分类

动词可以从不同的角度进行分类：根据所带宾语的性质，可以分为带名词性宾语的动词、带动词性宾语的动词、带形容词性宾语的动词；根据所带宾语的语义特征，可以分为带受事宾语的动词、带处所宾语的动词、带结果宾语的动词等；根据动词本身的语义特点，可以分为使令动词、言说动词等；根据能否带宾语，可以分为及物动词和不及物动词。以上分类有的偏重于动词的句法特征，有的偏重于语义特征，有的偏重于逻辑特征。① 因此，在动词分类中如何遵循形式和意义相结合的原则，到目前为止，仍然是一个值得深入探讨的问题。

为了解决汉语动词分类所遇到的困难，研究汉语语法的学者于20世纪70年代末引入国外配价语法理论，给汉语动词分类，如单价动词、二价动词、三价动词等。正如第二章第一节指出，对动词价的性质，学术界存在不同看法，有所谓的语义价、句法价、语用价等多种说法。我们赞同把动词的价看成"语义—句法"范畴的观点，据此给动词分类，既能照顾到动词的语义特点，也能照顾到动词的句法属性。

根据原型理论②，主语的原型或典型意义是动词的"施动者"；单宾语的原型或典型意义是动词的"受动者"③；带双宾语动词的原型或典型意义

---

① 逻辑的分类指动词及物和不及物的分类，参见陆俭明《现代汉语不及物动词之管见》[《语法研究和探索》（五），语文出版社1991年版]。

② 关于原型理论，详见袁毓林《词类范畴的家族相似性》（《中国社会科学》1995年第1期）。

③ 关于主语典型意义的论述，可参考曹逢甫《主题在汉语中的功能研究》（语文出版社1995年版）和徐烈炯、沈阳《题元理论与汉语配价问题》（《国外语言学》1998年第3期）。

是"给予",即施动者有意把受动者转移给接受者①。基于上述概念,可以把动词的"价"定义为:

> 单价动词是只系联施动者的动词。施动者在句法上一般由句子的主语体现。
> 二价动词是同时系联施动者和受动者的动词。受动者在句法上一般由句子的宾语体现。
> 三价动词是同时系联施动者、受动者和接受者的动词。受动者和接受者在句法上一般由句子的直接宾语或间接宾语体现。

以上是从抽象的句法和语义平面给单价动词、二价动词和三价动词下的定义。但是,在语用平面或具体的言语活动中,名词的语义关系和句法位置并非总是对应的,也就是说,句子结构的安排并非按以上规则进行。首先,所谓施动者、受动者、接受者或主语、直接宾语、间接宾语由于受语境的影响经常可以省略,如第二章对主语省略的分析。其次,施动者、受动者、接受者并不总是出现在某一固定的句法位置上,如先秦汉语的双宾语结构至少有下列4种结构形式:②

① A."动+间+直",如:王使荣叔来锡桓公命。(春秋·庄公元年)
B."动+直+于+间",如:大夫能荐人于诸侯。(孟子9·5)
C."以+直+动+间",如:孔子以其兄之子妻之。(论语5·2)
D."动+直+间",如:使竖牛请之叔孙。(韩非子·内储说上)

再如,先秦汉语的受动者有时可以移位于句首,充当句子的话题:

② 水火,吾见蹈[　]而死者矣,未见蹈仁而死者矣。(论语15·35)

---

① 关于双宾语句的原型意义,见张伯江《现代汉语的双及物结构式》(《中国语文》1999年第3期)。
② 参见[法]贝罗贝《双宾语结构从汉代至唐代的历史发展》,载《中国语文》1986年第3期。

例②中前句"水火"本是动词"蹈"的受动者,在这里移位于句首,而后句中同样是动词"蹈"的受动者的"仁"却没有移位。

从上面的论述可以看出,所谓动词宾语的省略只指二价动词和三价动词。我们判断动词宾语省略的依据是:首先,从语义上看是否系联受动者或接受者,如果在语义上该动词要求系联受动者或接受者,而在表层句法结构中却没有出现,就说该动词省略了宾语;其次,如果句子中动词的受动者或接受者移位于动词之前,而又没有出现介词给予格标记或其他语法条件的限制,那么,把移位后动词后面出现的空位也看成省略。①

第二节　从主宾语非对称性看宾语的省略

一、主宾语不对称现象

通过对先秦汉语语料的观察,我们发现,主语省略的频率大大高于宾语的省略。

王力在《汉语语法史》里指出:"在上古汉语里,一般宾语的省略很少见。"王力先生的观察是符合语言实际的,但是他没有从理论上解释为什么古汉语宾语的省略不如主语省略频繁。

我们认为,要解释上述语言现象,可以从汉语主宾语非对称性说起。根据传统的中心词分析法,一个句子的基本结构成分是主语、谓语和宾语,其中,主语和宾语处于同等的语法地位。这种分析法遭到了结构主义所倡导的层次分析法的强烈反对。层次分析法认为,句子的结构是有层次之分的,就主语和宾语来说,主语是相对于谓语而言的,宾语是相对于述语(主要是动词)而言的。因此,主语和宾语在句子中属于不同的层次。有人把这种现象概括为"主宾语不对称现象"。层次分析法对主宾语的看法,迄今为止大多数语言学家大概都会赞同。

---

① 如上文例①中C式,尽管其中直接宾语移位于动词之前,但由于有介词"以"赋予它格标记,所以不算省略。再如上古汉语疑问句或否定句中代词做动词宾语往往置于动词之前,也不能算是省略。

二、从论元结论看宾语省略

主宾语不对称现象还可以通过对动词配价或论元的分析获得证明。如果将述语作为一个范围,论元可以分为域外论元和域内论元。通常认为域内论元在中心语动词所属的短语内,与深层结构中动词的宾语相应;域外论元则在中心语动词所属的动词短语之外,通过主述的关系与动词的其他论元联系在一起,在简单句中总是担任主语。域内论元又可以分为直接域内论元和间接域内论元两种,前者直接从动词那里获得论旨角色,后者间接地通过相关的介词得到论旨角色。①

从以上论述可以看出,句子的主语相当于域外论元,动词的宾语相当于直接域内论元,介词的宾语相当间接域内论元。从支配成分或论元省略的观点看,域外论元、直接域内论元、间接域内论元或主语、动词宾语、介词宾语省略的频率可以做如下排列:域外论元(主语)>间接域内论元(介宾)>直接域内论元(动宾)。

据此,可以得出结论:与动词在语义、句法关系上越密切的论元或支配成分,其省略的可能性越小。由于动词宾语是动词直接支配的对象,也是直接从动词处获得论旨角色,因而较少省略。

同时,我们还观察到,动词或介词支配成分移位的频率正好和它们的省略相反:域外论元(主语)<间接域内论元(介宾)<直接域内论元(动宾)。域外论元(主语)有时也可以移位,但它的移位是由语用因素、语篇特点或句子所表达的特殊语气所决定的。比如人们通常所谈的主语移位常常发生在口语性强的语篇里,或者某些表示感叹或惊讶语气的句子里。例如下面《论语》中主语移位的句子:

① 野哉,由也!(论语13·3)
② 小人哉,樊须也!(论语13·4)
③ 大哉,尧之为君也!(论语8·19)
④ 可乎,夫子之说君子也!(论语12·8)
⑤ 巍巍乎,其有成功也!(论语8·19)
⑥ 巍巍乎,舜禹之有天下也!(论语8·18)

---

① 参见沈阳《论元结构理论介绍》,载《国外语言学》1994年第1期。

⑦ 久矣哉，<u>由之行诈</u>也！（论语 9·12）
⑧ 有是哉，<u>子之迂</u>也！（论语 13·3）
⑨ 诚哉，<u>是言</u>也！（论语 13·11）
⑩ 甚矣，<u>吾衰</u>也！（论语 7·5）

以上句子都表示强烈的感叹或惊叹语气。

动词和介词支配成分的移位多受句法规则的制约。动词和介词的支配成分可以在句子中的两个位置移动：一是移位于动词之前，一是移位于句首。动词或介词支配成分移位的规则常见的有：① 疑问句或否定句里，如果用代词做宾语，宾语一般可以移位于动词或介词之前；② 在双宾语句里，直接宾语可以加介词"以"移位于动词之前；③ 动词宾语或介词宾语有时可以移位于句首充当句子的话题；等等。

主语的句法和语义功能决定了它具有省略的倾向，宾语的句法和语义功能决定了它具有移位的倾向。因此，我们可以说省略和移位对主语和宾语来说是呈互补分布的两种功能，尤其对移位于句首的宾语来说更是如此。① 我们坚持移位是省略的一种方式的理论依据就在于此。

三、从施受关系看宾语省略

在第三章第一节中我们把主语的原型意义定义为施动者，把宾语的原型意义定义为受动者。但如何理解施动者和受动者，在语言学界可以说是仁者见仁，智者见智。如果撇开对此展开的诸多争议，我们认为施动者的特征主要表现在它的"活动性"，受动者的特征主要表现在它的"静态性"。② 例如现代汉语中人们常举的例子：

⑪ <u>鸡</u>吃，<u>鱼</u>不吃。

---

① 在音位学里，如果两个音素呈互补分布，则可以把它们归并为一个音位。如果套用音位归纳法的原理，我们也可以把呈互补分布的两种语法功能归并为一类。
② 所谓施动者的"活动性"、受动者的"静态性"，主要是针对一般的叙述句或动作性较强的动词而言。有些句子，如判断句、存在句就无所谓"施事"和"受事"的区分。

离开具体的语境，很难判断句中的"鸡""鱼"是施动者还是受动者。但如果把例 ⑪ 变换为：

⑫ 鸡吃［它］，鱼不吃［它］。
⑬ 鸡［他］吃，鱼［他］不吃。

那么，例 ⑫ 中的"鸡"和"鱼"就被赋予了活动性，这一语境让我们能感觉到"鸡""鱼"是有生命的。例 ⑬ 中的"鸡"和"鱼"则被赋予了静态性，在我们的感觉中，这里的"鸡"和"鱼"不可能是活蹦乱跳的。因此，充当施事的一般是有生名词，充当受事的可以是有生名词，也可以是无生名词。①

另外，动词的施动者和动词之间的语义关系比较稳定，即很少受动词本身意义的影响；受动者和动词之间的语义关系比较灵活，经常随动词本身意义的变化而变化。例如：

⑭ 他吃饭。
⑮ 他做饭。

"他"无论在例 ⑭ 还是在例 ⑮ 中都是施动者，"饭"尽管在以上两句中都是受动者，但细分析起来还是有区别的：例 ⑭ 中的"饭"表示受事，例 ⑮ 中的"饭"表示结果。我们可以通过省略法对此进行检验：

⑯ 他整天做饭，e 吃饭，e 无所事事。

例 ⑯ 中第二分句前可以省略施动者"他"，但我们不能说：

---

① "活动性"和"静态性"与名词的"有生性"和"无生性"之间没有必然的联系。例如：
A．小王昨天打了小马。
B．水浸满了船。
例 A 中的"小马"是指人的有生名词，但在这里具有"静态性"；例 B 中的"水"是无生名词，但在此却具有"活动性"。

*⑰ 他整天做饭，吃 e，e 无所事事。

例 ⑰ 不能说，可能是受语言节律的制约，而下面的句子不能说，只能归结为动词和宾语之间语义关系的复杂性：

　　*⑱ 他在外面打工赚钱，却没有 e 花。

如果在例 ⑱ 中动词"没有"后面加上宾语"钱"，那么它就是合法的句子了。①

　　根据上面论述，可以得出如下结论：所谓受动者，是一个宽泛的语义范畴，下面还可以分出一系列子范畴，但是无论分出多少子范畴，它们都具有共同的语义特征，就是具有静态性；施动者是一个较为单一的语义范畴。受动者或宾语和动词之间具有复杂的语义关系，是制约动词宾语省略不如主语省略频繁的原因之一。

四、从类型学看宾语省略

　　徐烈炯、沈阳从类型学的角度指出，有很多语言的动词其实只是可以有而非必须有主语和宾语，如汉语就可以省略主语。有的语言几乎所有的及物动词都不一定带上宾语，汉语也属于这一类，即存在"自由型空宾语"（free empty object）。② 我们认为，徐、沈对主语省略的看法是符合汉语实际的，但对宾语省略的看法似乎还值得商榷。据上文对汉语主宾语不对称现象的分析，首先从频率上看，宾语省略（如果不算移位型省略）远不如主语省略普遍，特别在古汉语中，除非在某些特定条件（如在平行句的第二句的否定句里），宾语不仅很少省略，有时甚至在语义和句法上不必用宾语或一般不及物动词都可以带上宾语。如下面两种情形。

　　第一种情形可以称为"虚设宾语"，指动词在语义上是自足的，却还要在其后加上虚指代词"之"。例如：

---

　　① 例 ⑱ 是个有歧义的句子，它还可以表示为"他在外面打工赚钱，却没有花 e"。
　　② 参见徐烈炯、沈阳《题元理论与汉语配价问题》，载《当代语言学》1998 年第 3 期。

⑲ 填然鼓之，兵刃既接。（孟子1·3）
⑳ 天油然作云，沛然下雨，则苗槁然兴之矣。（孟子1·6）
㉑ 公与之乘。战于长勺。公将鼓之。（庄公10·1）
㉒ 齐师败绩，公将驰之。（庄公10·1）
㉓ 伯牛有疾，子问之，自牖执其手，曰："亡之。命夫！……"（论语6·10）

杨伯峻先生认为，以上句子中的"之""形似宾语而非宾语"，其作用只是用来凑足一个音节罢了。① 郭锡良先生认为，以上"之"是补充说明动词谓语的，绝不是毫无意义地凑足音节，它是动词的连带成分，不妨叫作宾语。② 我们认为，如果把"之"看成宾语，可以称之为"虚设宾语"。这种"虚设宾语"有时无法确定它所指称的事物。例如：

㉔ 小子识之，苛政猛于虎。（礼记·檀弓）
㉕ 由此观之，则强弱大小可见于前事矣。（战国策·齐策）

如果放开眼光，比较古汉语中"虚设宾语""之"和英语中所谓的形式主语"it"，就会发现它们在用法上具有相似之处。《牛津现代高级英汉双解词典》把"it"解释为"用作形式上的无意义的主语"。例如：

㉖ It is raining.（正在下雨。）
㉗ It's six o'clock.（六点钟了。）
㉘ So it seems.（正好是如此。）
㉙ It can't be helped.（没有办法了。）

英语的主语不能任意省略，是因为英语的主语和谓语具有形态上的一致关系，这是形态特点对主语省略的限制。汉语宾语不能任意省略，是受动宾语

---

① 杨伯峻先生对这种用法"之"的分析，见其《孟子译注》中对"鼓之""兴之"的注释。
② 参见郭锡良《汉语第三人称代词的起源和发展》，见《语言学论丛》（第6辑），商务印书馆1980年版。

义关系复杂化的影响。所受的影响不同，但表现形式是一致的。

第二种情形是古汉语中很多不及物动词也经常带上宾语，形成极为复杂的语义关系。例如：

㉚（赵穿）反赵盾。(榖梁传·宣公二年)
㉛（范氏）死吾父而专于国，有死而已，吾蔑从之矣。(襄公21·5)
㉜若二子怒楚，楚人乘我，丧师无日矣，不如备之。(宣公12·2)

以上例子中的"反（返）""死""怒"都是不及物动词，但都带上了宾语。有人把古汉语动宾语义关系概括为20类。①

以上两种现象在古汉语中极为常见，一方面说明了所谓古汉语宾语省略的局限性，另一方面也给古汉语动词分类带来了很大的困难。

第三节　动词前加成分对宾语省略的影响

上文指出，古汉语动词宾语在一般情况下不省略。但是，如果动词前加上否定成分或助动词，则动词后的宾语可以省略。

一、前加否定成分对宾语省略的影响

1. 不、弗、勿、毋

"不""弗""勿""毋"是先秦汉语中常用的否定副词。其中，"不"的应用范围更为广泛，既可以修饰动词，也能修饰各类形容词性质形容词"不仁""不德"等；"弗""勿""毋"一般只修饰动词，较少修饰形容词。

人们习惯于从所修饰的动词是否带宾语区分以上几个否定副词的用法。如丁声树《释否定词弗、不》认为："弗"字之用在省去宾语的外动词或省去宾语的介词之上；内动词、带有宾语的外动词、带有宾语的介词，上面只用"不"字而不用"弗"字。其后，吕叔湘先生写了《论毋与勿》，也主要是从其后的动词能否带宾语区分它们的用法。王力先生《汉语语法史》把这4个否定词的用法归纳为："弗""勿"所修饰的及物动词一般不能带

---

① 如杨伯峻、何乐士《古汉语语法及其发展》把动词和宾语之间的语义关系归纳为5大类20小类。

宾语;"不""毋"除了否定不及物动词之外,它们所否定的及物动词经常带宾语。后来的大多数语法论著都沿用这种看法。如李佐丰认为,"弗"是个比较特殊的副词,它在一般情况下相当于"不……之"。也就是说,通常要带宾语的动词在受"弗"修饰后,其后的宾语不再出现,可是从语义上看,这个动词后边应该有个"之"。① 高思曼的看法和上述各家略有不同。他认为,由"不""弗"否定的语句从表层结构看是很相似的,名词宾语或宾语分句都充分保留,而代词宾语"之",除了一些特殊的例外,都规律性地省略了。他还认为,"不"可以不加选择地用于否定及物动词和不及物动词,"弗"否定句都只能解释为及物动词,甚至包括那些既可以视为不及物也可以视为及物的两可动词"去""来"等。②

本书考察了《左传》《孟子》和《论语》中的所有带"弗"字的句子,这3本书共用"弗"字417次,其中,《左传》374次、《孟子》37次、《论语》6次。除了少数动词由于用例太少,无法确认它们是及物动词还是不及物动词,大多数都可以看作及物动词,如"许""与(给予)""听""知""从""受""得""为""见""闻""杀""立""召""忘""纳(内)""及""献""使""食""图""欲""克""胜""若""思""居""亲(亲近)"等。③ 例如:

① 巫请于武公,公弗许e。(隐公1·4)
② 先君舍与夷而立寡人,寡人弗敢忘e。(隐公3·5)
③ 费人攻之,弗克e。(定公12·2)
④ 子西问高厚焉,弗知e。(定公5·7)
⑤ 子常欲之,弗与e,三年止之。(定公3·4)
⑥ 司墓之室有当道者,毁之,则朝而堋;弗毁e,则日中而堋。

---

① 参见李佐丰《先秦汉语副词的分类》,见郭锡良主编《古汉语语法论集》,语文出版社1998年版。
② 参见高思曼《否定词"弗"的句法》,载《古汉语研究》1993年第4期。
③ 如下面句子中画线的词,很难说它们是及物动词,但这样的词相当少见。
君子博学于文,约之以礼,亦可以弗畔矣夫。(论语6·27)
不知其本,不谋;知本之不枝,弗强。(庄公6·1)
晋、楚伐郑,自今郑国不四五年弗得宁矣。(襄公8·3)
君自弃也,弗能久矣。(襄公22·3)

（昭公 12·2）

⑦ 有子家羁，弗能用 e 也。（昭公 5·3）
⑧ 宋太子佐后至，王田于武城，久而弗见 e。（昭公 4·3）
⑨ 戌怒，抽戈逐王子围，弗及 e。（襄公 26·6）
⑩ 宋人或得玉，献诸子罕。子罕弗受 e。（襄公 15·8）
⑪ 以兄之室则弗居 e，以於陵则居之。（孟子 6·10）
⑫ 非礼之礼，非义之义，大人弗为 e。（孟子 8·6）
⑬ 仲子，不义与之齐国而弗受 e，人皆信之，是舍箪食豆羹之义也。（孟子 13·34）
⑭ 于民也，仁之而弗亲 e。（孟子 13·45）
⑮ 女弗能救 e 与？（论语 3·6）
⑯ 吾与女弗如 e 也。（论语 5·9）
⑰ 一箪食，一豆羹，得之则生，弗得 e 则死。（孟子 11·10）

以上例子中例 ⑥、例 ⑪ 和例 ⑰ 更为明显，表示肯定的动词后宾语不省略，而受"弗"修饰的动词后的宾语省略。

据本书统计，在《左传》《孟子》《论语》3 部书中，"弗"后动词带宾语的只有如下 5 例：

⑱ 虽与之俱学，弗若之矣。（孟子 11·9）
⑲ 今子，鲁囚也，吾弗敬子矣。（庄公 11·4）
⑳ 无德而贪，其在《周易》丰䷴之离䷝，弗过之矣。（宣公 6·6）
㉑ 女，嬖大夫，而弗下之，不尊贵也。（昭公 1·7）
㉒ 此蔡侯般弑其君之岁也，岁在豕韦，弗过此矣。（昭公 11·2）

至于以上 5 例中动词后的宾语不省略的原因，还有待进一步研究。但是，从总体上看，先秦汉语"弗"所修饰的一般是及物动词，而且其后宾语往往省略，这一结论是正确的。

下面再看"不"修饰动词的情况。王力先生认为，"不"修饰的及物动词后经常带宾语。而从我们调查的结果看，情况并非如此。下面以《左传》中的及物动词"许""知""听""从""见"加以说明。

㉓ 涛涂以告齐侯，许之。（僖公4·2）
固请，许之。（僖公24·1）
秋，随及楚平，楚子将不许e。（桓公8·2）
楚子厚赂之，使反其言。不许e。三而许之。（宣公15·2）
若不许君，将焉用之？（昭公4·1）

从例㉓前两句可以看出，"许"是及物动词，当前加"弗"，其后的宾语一概省略；第三、第四句中"许"前出现"不"，其后的宾语也省略，第五句不省。第四句最明显，前句用"不"，"许"后宾语省略，后句表示肯定，宾语不省。

㉔ 及留舒，违谷七里，谷人不知e。及濮，雨，不涉。（哀公27·3）
救郑则不吉，不知其他。（哀公9·6）
侨若献玉，不知所成。（昭公16·3）
子南知之，执戈逐之，及冲，击之以戈。（昭公1·7）

"不知"后的宾语较少省略。

㉕ 故不听王命，而执二子。（僖公24·2）
陈人不听命。（襄公4·2）
宫之奇谏，不听e，遂起师。（僖公2·2）
侍者谏，不听e；又谏，杀之。（襄公7·9）

"不听"后的宾语除非是名词"命"，其他往往省略。

㉖ 遂往，陈鱼而观之，僖伯称疾不从e。（隐公5·1）
今不从e，不得入矣。（成公15·4）
从之将退，不从e亦退。（襄公10·11）
齐高张后，不从诸侯。（定公1·1）
不从晋，国几亡。（襄公11·2）

"不从"后的代词宾语往往省略，名词宾语可以不省，因为《左传》中没有发现"不从+代词宾语"的形式。其中，第三句"从"后宾语不省，"不从"后宾语省。

㉗ 及归，遂不见 e。（文公 7·4）

不见 e，既自见矣，公与之环而佩之矣。（昭公 4·8）

许之，遂不见 e。（僖公 10·3）

士会在秦三年，不见士伯。（文公 7·4）

季孙见之，则言季氏如他日；不见 e 则终不言季氏。（襄公 29·4）

"不见"后的宾语可省可不省。

从以上《左传》例证可以看出，"不"修饰的及物动词后宾语也时常省略，只是没有"弗"后及物动词宾语省略绝对罢了。"不"修饰及物动词后宾语省略的情形在《孟子》《论语》中更为常见，下面略举数例：

㉘ 君子之至于斯也，吾未尝不得见 e 也。（论语 3·24）

㉙ 父母之年，不可不知 e 也。（论语 4·21）

㉚ 暴虎冯河，死而无悔者，吾不与 e 也。（论语 7·11）

㉛ （季子）曰："然则从之者与？"子曰："弑父与君，亦不从 e 也。"（论语 11·24）

㉜ 回也，视予犹父也，予不得视 e 犹子也。（论语 11·11）

㉝ 桓公杀公子纠，召忽死之，管仲不死 e。（论语 14·16）

㉞ 夫子欲之，吾二臣者皆不欲 e 也。（论语 16·1）

㉟ 虽小道，必有可观者焉；致远恐泥，是以君子不为 e 也。（论语 19·4）

㊱ 或告寡人曰，"孟子之后丧逾前丧"，是以不往见 e 也。（孟子 2·16）

㊲ 心之官则思；思则得之，不思则不得 e 也。（孟子 11·15）

㊳ 人有鸡犬放，则知求之，有放心，而不知求 e。（孟子 11·11）

㊴ 乡为身死而不受 e，今为妻妾之奉为之。（孟子 11·1）

㊵ 以母则不食 e，以妻则食之。（孟子 6·10）

㊶ 管仲，曾西之所不为 e 也，而子为我愿之乎？（孟子 3·1）

㊷ 夫圣，孔子不居 e，是何言也！（孟子 3·2）

㊸ 夫貉，五谷不生 e，惟黍生之。（孟子 12 · 10）

㊹ 君子之所为，众人固不识 e 也。（孟子 12 · 6）

㊺ 吾弟则爱之，秦人之弟则不爱 e 也。（孟子 11 · 4）

特别是在《孟子》里，宾语省略的句子多以移位话题句的形式出现（关于移位话题句，参见第二章第三节第三部分），如例 ㊵ ～ ㊺ 。

至于否定副词“勿”和“毋”的对立，在《左传》和《论语》中是比较明显的：“勿”所修饰的及物动词一般省略宾语，“毋”所否定的及物动词经常带宾语。《左传》共用“勿”42 次，其后带宾语除一例外，其余都没有宾语。[1]《论语》用“勿”13 次，其后动词宾语一概省略。例如：

㊻ 天欲杀之，则如勿生 e。（僖公 21 · 2）

㊼ 楚人来讨，能勿从 e 乎？从之，晋师必至。（襄公 8 · 3）

㊽ 己所不欲，勿施 e 于人。（论语 12 · 2）

㊾ 爱之，能勿劳 e 乎？（论语 14 · 7）

㊿ 勿欺 e 也，而犯之。（论语 14 · 22）

《左传》和《论语》中的“毋”后动词均带宾语。例如：

(51) 主忠信，毋友不如己者，过则勿惮改。（论语 9 · 25）

(52) 以吾一日长乎尔，毋吾以也！（论语 11 · 26）

(53) 委之常秩，道之礼则，使毋失其土宜，众隶赖之，而后即命。（文公 6 · 3）

(54) 昔平王命我先君文侯曰：“与郑夹辅周室，毋废王命！”（宣公 12 · 2）

(55) 以从先王之命，毋速天罚。（昭公 26 · 9）

《孟子》的情况和《左传》《论语》不同，因为它没有否定副词“毋”，所以不存在“勿”与“毋”的对立。因此，“勿”所修饰的及物动词后既可

---

① 这一例是：

子产与宋人为成，曰“勿有是”。（哀公 12 · 6）

带宾语，也可以省略宾语。例如：

㊻ 百亩之田，勿夺其时，数口之家可以无饥矣！（孟子1·3）
㊼ 王欲行王政，则勿毁之矣。（孟子2·5）
㊽ 所恶，勿施尔也。（孟子7·9）
㊾ 或谓寡人勿取 e，或谓寡人取之。（孟子2·10）
㊿ 左右皆曰不可，勿听 e；诸大夫皆曰不可，勿听 e。（孟子2·7）
㉑ 非独贤者有是心也，人皆有之，贤者能勿丧 e 耳。（孟子11·10）

例㊻～㊽"勿"后动词带宾语，例㊾～㉑动词后省略宾语。

2. 关于古汉语宾语前置

古汉语宾语前置，指在否定句中如果动词的宾语为代词，则该宾语往往前置于动词。以往的古汉语语法论著中对此多有论述，本书在此重提，是想说明两个问题。

第一，代词的性质不同，对动词前的否定词语具有选择性。一般说来，否定句中，如果句中代词为"之"，则动词前的否定词多为"未"。如"未＋之＋V"，《左传》出现15次，《孟子》出现16次，《论语》出现6次，其中的"之"全为前置宾语。没有见到"不（弗、勿、毋）＋之＋V"的形式。例如：

㉒ 寡君闻命矣。楚君之惠，未之敢忘，是以在此。（僖公28·3）
㉓ 吾未之闻也。（宣公11·5）
㉔ 诸侯之礼，吾未之学也。（孟子5·2）
㉕ 文王视民如伤，望道而未之见。（孟子8·20）
㉖ 不好犯上，而好作乱者，未之有也。（论语1·2）
㉗ 军旅之事，未之学也。（论语15·1）

如果否定句中代词不是"之"，则动词前多用"不"。

㉘ 日月逝矣，岁不我与。（论语17·1）
㉙ 唐棣之华，偏其反而。岂不尔思？室是远而。（论语9·31）
㉚ 今也父兄百官不我足也；恐其不能尽于大事。（孟子5·2）

㋖ 父母之不我爱，于我何哉？（孟子9·1）
㋗ 谓上不我知，黜而宜，乃知我矣。（文公2·1）
㋘ 人不我顺，何止焉？（襄公30·10）
㋙ 余不女忍杀，宥女以远。（昭公1·7）
㋚ 尔有乱心无厌，国不女堪。（昭公2·4）
㋛ 宗不余辟，余独焉辟之？（襄公28·9）

第二，从以上论述可以看出，古汉语动词宾语的省略和前置所受的语法制约机制是相同的，主要表现在：① 宾语的复指或称代性，如上文所述；② 否定性。否定性除了动词前加否定副词之外，如果动词本身是具有否定意味的词或句中有表示否定意义的词，它们所在句子中的动词宾语是否省略也要受到它们的制约。如否定性动词"无"和"亡"，前者经常带宾语，后者宾语常常省略。例如：

㋜ 无之。（隐公3·3）
㋝ 夫州吁，阻兵而安忍。阻兵，无众；安忍，无亲。（隐公4·3）
㋞ 人而无信，不知其可也。（论语2·22）
㋟ 不患无位，患所以立。（论语4·14）
㋠ 天下有道则见，无道则隐。（论语8·13）
㋡ 夷狄之有君，不如诸夏之亡 e 也。（论语3·5）
㋢ 今也则亡 e，未闻好学者也。（论语6·3）
㋣ 人皆有兄弟，我独亡 e！（论语12·5）

再如，否定性无定代词"莫"，当充当句子主语时，其动词的代词宾语往往前置。例如：

㋤ 八世之后，莫之与京。（庄公22·1）
㋥ 谏而不入，则莫之继也。（宣公2·3）
㋦ 夫子愎，莫之止，将不出。（襄公28·9）
㋧ 史莫之知。（昭公1·12）

否定句中代词宾语前置和动词宾语省略所受支配条件相同，把它们看作移位性省略也未尝不可。因为它们的移位和移位于主语之前的成分（如本节例 ㊵～㊺）比较起来，毕竟是一种近距离移位，所以我们还是按照传统分析法，把它们称为宾语前置。在此我们可以看出，从上下文省到移位省再到宾语前置，从所受限制条件看，是没有绝对界限的。这又一次证明了我们把一部分成分移位后形成的句法空位看成省略是正确的，正如有人所说，汉语的某些空位宾语是一种话语的省略①。本书从古汉语宾语省略及前置的制约机制为此提供了证据。

下面列表显示古汉语否定性成分在动词宾语省略和前置中的作用：

表3-1　古汉语否定性成分在动词宾语省略和前置中的作用

位置分布	未	不	毋	弗	勿	无	亡	莫
动词宾语的省略	-	+	-	+	+	-	+	×
代词"之"的前置	+	-	×	×	×	×	×	+
其他代词宾语的前置	-	+	×	×	×	×	×	×

说明："-"表示不能省略、前置；"+"表示能省略、前置；"×"表示不具备鉴别作用。

从表3-1可以看出，"未"与"不"对立，"毋"与"弗""勿"对立，"无"与"亡"对立，"莫"单独为一类。②

二、前加助动词对动词宾语省略的影响

《马氏文通》说："'可''足'两字后动字概有受动之意。"吕叔湘、王海棻《马氏文通读本》对此做过评论："'可''足''得''当'等字，是表示可能、值得、应当等意思的助动字，虽然位于其后的动字常为被动意义，但也有非被动意义的。"③后来，姚振武也发表了同样的看法，并把它归为意念句，这种意念句之所以表被动，是由受事成分处于主语位置决

---

① 参见韩景泉《空语类理论与汉语空位宾语》，载《国外语言学》1997年第4期。
② 表3-1中所列，是就《左传》《论语》和《孟子》3部书中总体趋势而言的，不包括一些特殊用例。
③ 马氏引文及吕叔湘、王海棻的评论分别见《马氏文通读本》（上海教育出版社2000年版，第282、第284页）。

定的。①

我们认为，如果对"可"字句从省略的角度加以分析，可能更便于解释。例如：

① 晋楚之富，e 不可及 e 也。（孟子 4·2）
② 管仲 e 且犹不可召 e，而况不为管仲者乎？（孟子 4·2）
③ 仲由 e 可使 e 从政也与？（论语 6·8）
④ 蔓草 e 犹不可除 e，况君之宠弟乎？（隐公 1·1）

我们认为上述句子中画线的部分为话题。从语义上看，话题和句子中动词有受事关系；从句法上看，是通过移位手段从宾语位置移位于句首，而在动词后留下句法空位，我们称之为"移位省"，句子的主语由于受语境的制约而被省略了。因此，"可"字句实际上存在两种不同的省略形式，即主语的语境省和动词宾语的移位省。下面分别加以说明。

1."可"字句中主语的省略

第三章第二节指出，汉语具有主语省略的倾向。"可"字句主语的省略又一次证明了这一结论。"可"字句之所以可以省略主语，这可以从"可"字本身的语义和语用特点进行说明。

从语义上看，汉语中的"可"和"能"属于语言中的情态成分。胡壮麟等指出，在功能语法里，情态属于语言的人际功能，人际功能具有表达者的身份、地位、态度、动机和他对事物的判断的能力。②"可"表示施动者在客观条件许可下对某种事物或行为的认可，"能"表示施动者在主观上有能力从事某种活动，并对受动者产生某种影响。由于"可"和"能"表示的都是人的能力，因此，其联系的语义成分必须是具有由人充当的施动者。如果该施动者在句子中没有出现，就可以认定它们是受语境制约被省略了。

另外，从语用上看，据我们观察，"可"字句和"能"字句多出现于人物的对话中。第二章已证明，在对话语篇里，表示施动者的主语经常可以省略，我们称之为"当前省"。

从以上两方面看，我们说"可"字句中主语省略应该是没有问题的。

---

① 参见姚振武《先秦汉语受事主语句系统》，载《中国语文》1999 年第 6 期。
② 参见胡壮麟等《系统功能语法概要》，湖南教育出版社 1989 年版。

事实上，人们在理解"可"字句时，常常把被省略的主语补出来。例如杨伯峻先生《论语译注》就把例⑤理解为例⑥：

⑤ 夫子之文章，可得而闻也；夫子之言性与天道，不可得而闻也。（论语5·13）
⑥ 老师关于文献方面的学问，（我们）听得到；老师关于天性和天道的言论，（我们）听不到。

可见，例⑤"可"前均省略了主语。

2. "可"字句中动词宾语的移位省略

与"能"字句比较而言，"能"字修饰的及物动词之后是否出现宾语比较自由；而"可"字修饰的动词之后绝不出现宾语。例如：

⑦ 其如是，孰能御之？（孟子1·6）
⑧ 保民而王，莫之能御也。（孟子1·7）
⑨ 夏礼，吾能言之，杞不足征也。（论语3·9）
⑩ 知及之，仁能守之，不庄以莅之，则民不敬。（论语15·33）
⑪ 举直错诸枉，能使枉者直。（论语12·22）
⑫ 天将兴之，谁能废之？（僖公23·6）
⑬ 然则王之所大欲可知 e 已。（孟子1·7）
⑭ 父母之年，不可不知 e 也。（论语4·21）
⑮ 由也，千乘之国，可使 e 治其赋也。（论语5·8）
⑯ 其御屡顾，不在马，可及 e 也。（成公16·5）
⑰ 一之谓甚，其可再 e 乎？（僖公5·8）

例⑦～⑫为"能"字句，它所修饰的动词均带宾语；例⑬～⑰为"可"字句，它所修饰的动词后都不带宾语，如例⑰前句说"一之"，后句只说"再"，而省略"之"。

"可"不仅修饰动词，其宾语移位于句首充当话题，就是修饰介词"以"和"与"，其宾语也或者省略或者移位于句首充当话题。例如：

⑱ 唯器与名，e 不可以 e 假人，君之所司也。（成公2·2）

⑲ 晋 e 未可与 e 争。（成公 3·4）
⑳ 不仁者，e 可与 e 言哉？（孟子 7·8）
㉑ 鸟兽 e 不可与 e 同群，吾非斯人之徒与而谁与？（论语 18·6）

以上句子的主语都省略了，介词宾语移位于句首做话题。特别是例 ⑲，是指"楚国不可以和晋国争"，如果不从省略的角度解释，则这一句子很难加以说明。

在古汉语里，动词或介词的支配成分可以移位于句首做话题，这并不是我们的主观分析。如下面我们多次引用的两个例子：

㉒ 君子不以绀緅饰，红紫不以 e 为亵服。（论语 10·6）
㉓ 水火，吾见蹈 e 而死者矣，未见蹈仁而死者也。（论语 15·35）

例 ㉒ "以"的支配成分在上句里没有移位，在下句里则移位；例 ㉓ 动词的支配成分在上句里移位，在下句里则没有移位。可见，介词和动词支配成分移位于句首做话题是古汉语中客观存在的语言事实。

"可"修饰的动词或介词的宾语之所以能移位于句首充当话题，这和"可"本身的语义和语用特点有关。正如上文指出，"可"表示施动者在客观条件许可下对某种事物或行为的认可，"可"所认可的事物或行为是句子所强调的重心。根据句子的语用安排，被强调的成分往往置于句子之首。朱德熙先生指出："从表达上说，说话的人有选择主语的自由。同样的意思，可以选择施事作主语，也可以选择受事或与事作主语。……说话的人选来作主语的是他最感兴趣的话题，谓语则是对于选定了的话题的陈述。"[①] 本书主张区分话题和主语，联系朱先生的看法，把"可"字句中位于句首的名词性成分看作话题，从理论上是说得通的。

"可"修饰的动词后省略宾语，还可以通过先秦汉语中"可谓"句和"谓之"句的对立看出来。例如：

---

① 朱德熙：《语法讲义》，商务印书馆 1982 年版。

㉔ 三年无改于父之道，可谓孝矣。（论语1·11）
㉕ 仲由、冉求可谓大臣与？（论语11·24）
㉖ 为政不因先王之道，可谓智乎？（孟子7·1）
㉗ 知虞公之将亡而先去之，不可谓不智也。（孟子9·9）
㉘ 固在下位而有不仁，不可谓亓。（襄公9·3）
㉙ 近不失亲，远不失举，可谓义矣。（昭公28·3）
㉚ 虽曰未学，吾必谓之学矣。（论语1·7）
㉛ 犹之与人也，出纳之吝，谓之有司。（论语20·2）
㉜ 残贼之人，谓之一夫。（孟子2·8）
㉝ 贼仁者，谓之贼；贼义者，谓之残。（孟子2·8）
㉞ 请京，使居之，谓之京城大叔。（隐公1·4）
㉟ 善人富谓之赏，淫人富谓之殃。（襄公28·9）

在《左传》《孟子》《论语》中不受"可"修饰的"谓"字句，其后均带"之"，如例㉚～㉟；而受"可"修饰的"谓"字句，除了少数特例，一概不带"之"①，如例㉔～㉙。

第四节 使令动词和双及物动词宾语的省略

一、使令动词宾语的省略

所谓使令动词，是指施动者使受动者去完成某种活动，或者使受动者处于某种状态和活动之中的动词。先秦汉语中常见的使令动词有"使"和"令"。这两个动词所支配的成分既充当它们的宾语，同时又是后面动词的主语，因此，通常把使令动词支配的成分称为"兼语"（下面径称"兼

---

① "可谓之"的形式在《论语》中见3次，《孟子》中1次，《左传》中没有。这4例是：
　　士何如斯可谓之达矣？（论语12·20）
　　何如斯可谓之士矣？（论语13·20）
　　何如斯可谓之士矣？（论语13·28）
　　何如斯可谓之乡原矣？（孟子14·37）

语")。据我们统计,《论语》中"使"后兼语省略15次,《孟子》也是15次,而《左传》有近400次。从兼语省略的方式看,可以分为3类。

1. 移位省

移位省指兼语移位于句首,充当句子的话题,在动词"使"后留下空位。这种方式主要见于《论语》(8次)和《孟子》(3次),《左传》中未见。例如:

① <u>由</u>也,千乘之国,可使 e 治其赋也。(论语 5·8)
② <u>雍</u>也,可使 e 南面。(论语 6·1)
③ <u>赐</u>也,可使 e 从政也与?(论语 6·8)
④ <u>民</u>可使 e 由之,不可使 e 知之。(论语 8·9)
⑤ <u>便嬖</u>不足使 e 令于前与?(孟子 1·7)
⑥ <u>人</u>之可使 e 为不善,其性亦犹是也。(孟子 11·2)
⑦ 易其田畴,薄其税敛,<u>民</u>可使 e 富也。(孟子 13·23)

以上句子中画线的部分为话题,从形式上看,动词"使"前都有助动词"可"或"足"。

2. 上下文省

上下文省指动词"使"后的兼语因见于上下文而省略。主要见于《左传》,《论语》和《孟子》少见。例如:

⑧ 子与<u>人</u>歌而善,必使 e 反之,而后和之。(论语 7·32)
⑨ 彼夺其<u>民</u>时,使 e 不得耕耨,以养其父母。(孟子 1·5)
⑩ 简子曰:"我使 e 掌与女乘。"(孟子 6·1)
⑪ 今夫<u>水</u>搏而跃之,可使 e 过颡;激而行之,可使 e 在山。是岂水之性哉?(孟子 11·2)
⑫ 请京,使 e 居之,谓之京城大叔。(隐公 1·4)
⑬ 先君以<u>寡人</u>为贤,使 e 主社稷。(隐公 3·5)
⑭ 初,祭封人<u>仲足</u>有宠于庄公,庄公使 e 为卿。(桓公 11·3)
⑮ 郑人恶<u>高克</u>,使 e 帅师次于河上,久而弗召。(闵公 2·6)
⑯ 文王将死,与之璧,使 e 行。(僖公 7·2)
⑰ 召<u>孟明</u>、<u>西乞</u>、<u>白乙</u>,使 e 出师于东门之外。(僖公 32·3)
⑱ 弗从,召之,使 e 处吴竟,为白公。(哀公 16·5)

以上句子中画线的部分和省略成分同指，可以是上句的主语、宾语、定语及介词的宾语。例 ⑩ 和例 ⑫ 省略的同指成分也见于上文。

3. 泛指省

泛指省就是动词"使"支配的对象在上下文里不确定或没有必要确定，这时，"使"支配的对象一般可以省略。这种方式也主要见于《左传》，《孟子》2 次，《论语》未见。例如：

⑲ 汤使 e 遗之牛羊，葛伯食之，又不以祀。（孟子 6·5）
⑳ 汤三使 e 往聘之。（孟子 9·7）
㉑ 杞子自郑使 e 告于秦曰：……（僖公 32·3）
㉒ 息侯闻之，怒，使 e 谓楚文王曰：……（庄公 10·3）
㉓ 楚子使 e 问诸周大史。（哀公 6·4）
㉔ 冬，秦饥，使 e 乞籴于晋，晋人弗与。（僖公 14·4）
㉕ 吴之入楚也，使 e 召陈怀公。（哀公 1·4）
㉖ 公使 e 止之，不可。及河，又使 e 止之，止使者而盟于河。（襄公 27·3）

泛指性兼语省略句中的第二个动词多为"往""告""问""谓""乞""与""召"等。

带兼语的动词除了"使"，还有"令"，其后的兼语也可以省略，但不如"使"运用广泛。例如：

㉗ 冬，臧宣叔令 e 修赋、缮完、具守备。（成公 1·5）
㉘ 令 e 倍其赋。（襄公 22·1）
㉙ 将师退，遂令 e 攻郤氏，且燕之。（昭公 27·3）
㉚ 秋，会于扈，令 e 戍周，且谋纳公也。（昭公 27·4）
㉛ 冬，十一月，晋魏舒、韩不信如京师，合诸侯之大夫于狄泉，寻盟，且令 e 城成周。（昭公 32·3）
㉜ 军吏令 e 缮，将进。（哀公 24·1）

为什么《左传》中"使"后兼语省略的频率大大高于《论语》和《孟子》？为什么后者的兼语多移位省？我们认为，它和主语省略一样，是受语篇特征的制约。在第二章第四节第三部分已经指出，叙述语篇主语省略的频率高于议论语篇，而且在议论语篇中，主语的省略多出现于话题句里充当话题或述题的小句中。由于"使"所带的兼语既具有宾语的特点，也具有主语的功能，因而和主语省略所受到的制约机制相同，也就理所当然了。

二、双及物动词宾语的省略

双及物动词从句法结构上说就是指带双宾语的动词。结合语义特点，这类动词除了系联施动者之外，还要求系联受动者和接受者，也就是通常所谓的三价动词。从句法层面看，受动者和接受者分别表现为动词的间接宾语和直接宾语。先秦汉语常见的带双宾语动词主要有"赐""授""予""与""馈""赏""夺""为""告""语""教""饮""食""衣""枕"等。①

先秦汉语的双宾语结构形式变化多样，正如第三章第一节所示，至少有4种结构形式，但常见的只有下列3种。

（1）以 + 直接宾语 + V + 间接宾语。例如：

① 及河，子犯以璧授公子。（僖公24·1）

（2）V + 间接宾语 + 以 + 直接宾语。例如：

② 及宋，宋襄公赠之以马二十乘。（僖公23·6）

（3）V + 直接宾语 + 于 + 间接宾语。例如：

③ 昔者，有馈生鱼于郑子产。（孟子9·2）
④ 陈知其罪，授手于我。（襄公25·10）

因上述结构形式涉及介词支配成分的问题，故留待第四章讨论。

据笔者观察，先秦汉语双及物动词宾语的省略呈如下趋势：直接宾语的省略大多出现在（1）式里，以介词支配成分省略的方式出现（详见第四章

---

① 以上所列带双宾语的动词见李佐丰《先秦的不及物动词和及物动词》附表Ⅳ，（《中国语文》1994年第4期）。

第三节第二部分）；而间接宾语的省略多出现在下列句子中。

⑤ 中人以上，可以语 e 上也；中人以下，不可以语 e 上也。（论语 6·21）
⑥ 君赐 e 食，必正席先尝之。（论语 10·18）
⑦ 康子馈 e 药，拜而受之。（论语 10·16）
⑧ 三军可夺 e 帅也，匹夫不可夺 e 志也。（论语 9·26）
⑨ 前日于齐，王馈 e 兼金一百而不受。（孟子 4·3）
⑩ 六月丙午，晋侯欲麦，使甸人献 e 麦，馈人为之。（成公 10·4）
⑪ 齐侯朝于晋，将授 e 玉。（成公 3·9）

以上句子中省略的都是间接宾语，并且依据上下文均可补出。当然，在少数情况下也可以省略直接宾语，例如：

⑫ 陈成子弑简子。孔子沐浴而朝，告 e 于哀公曰：……（论语 14·21）
⑬ 齐侯将饮酒，遍赐大夫 e 曰：……（昭公 20·4）
⑭ 齐侯赏犁弥 e，犁弥辞曰：……（定公 9·4）

例 ⑫ 省略的是"陈成子弑简子"这件事，例 ⑬ 省略的是"酒"，例 ⑭ 省略的成分可以指赏赐的任何东西。

因为在以上格式中既有可能省略间接宾语，也有可能省略直接宾语，因此，有些句子的省略可以有两种理解，例如：

⑮ 君馈<u>之</u>，则受之，不识可常继乎？（孟子 10·6）
⑯ 君不敢逆王命而复赐<u>之</u>，使三官书之。（昭公 4·8）

例 ⑮、例 ⑯ 中的"之"可以理解为直接宾语，也可以理解为间接宾语，这要根据具体的上下文而定。

总之，就双及物动词宾语省略的大致情形看，直接宾语省略多以介词支配成分省略的形式出现，间接宾语的省略则以动词直接支配成分省略的方式出现。这两种句式在省略的功能上是互补的。

第四章 介词支配成分的省略

第一节 制约介词支配成分省略的有关因素

《马氏文通》首先提出了"介字"这一概念并定义说:"凡虚字用以连实字相关之义者,曰介字。"并详细列举了"之""于(於)""以""与""为"5个介词的用法。除了"于""以"之外,关于其他几个的归类,后来的语法研究者看法各异,一般把"之"归为助词(结构助词),"与"和"为"有的归为介词,有的归为连词。本书讨论的古汉语介词仅限于"于""以""与""为"4个。①

一般认为,介词的明显特征是其后必须有被支配成分,也就是说,介词后面不容许出现支配成分空位。但是,古汉语介词除了"于"之外,"以""与""为"等介词后面都可以出现空位,这是古汉语介词和现代汉语介词最重要的区别之一。以往的论著大多偏重于介词支配成分省略现象的描写,却很少对此现象出现的原因做出解释。本书认为,制约古汉语介词支配成分省略的因素主要表现在语法和语义两方面。

一、语法因素

(1)介词结构在句中的位置影响介词支配成分的省略。位于动词之前的介词结构其支配成分可以省略,而位于动词之后的介词结构其支配成分不能省略。

一般认为,古汉语中介词结构在句中的位置比较灵活,既可以出现在动词前,也可以出现在动词后。事实上,可以在动词前后出现的只是由介词"以""于"组成的介词结构,并且有一定限制。而由介词"与""为"组成的介词结构一般只出现于动词前。例如:

---

① 由于"于(於)"不是本书论述的主要对象,故对"于"和"於"在句法和语义功能上的差异一般不做区分。

① 君子以文会友，以友辅文。（论语 12·24）
② 博我以文，约我以礼。（论语 9·11）
③ 即不忍其觳觫，若无罪而就死地，故以羊易之也。（孟子 1·7）
④ 我非爱其财而易之以羊也。（孟子 1·7）
⑤ 尽以其宝赐左右而使行。（文公 16·5）
⑥ 赠我以琼瑰。（成公 17·8）
⑦ 唐、虞之际，于斯为盛。（论语 8·20）
⑧ 伯夷叔齐饿于首阳之下，民到于今称之。（论语 16·12）
⑨ 太甲悔过，自怨自艾，于桐处仁迁义，三年以听伊尹之训己也，复归于亳。（孟子 9·6）
⑩ 太甲颠覆汤之典刑，伊尹放之于桐。（孟子 9·6）
⑪ 太子惧，自投于车下。（哀公 2·3）
⑫ 斗廉衡陈其师于芭师之中以战。（桓公 9·2）

以上是由介词"以"和"于"组成的介词结构在句中不同位置的例子。下面列表说明介词结构在《论语》《孟子》《左传》句中位置的分布情况：

表 4-1　介词结构在《论语》《孟子》《左传》句中位置的分布

书名	于+宾语		以+宾语		与+宾语		为+宾语	
	V前	V后	V前	V后	V前	V后	V前	V后
《论语》	26 次	182 次	31 次	26 次	+	-	+	-
《孟子》	85 次	543 次	168 次	83 次	+	-	+	-
《左传》	237 次	2976 次	649 次	221 次	+	-	+	-

说明：表 4-1 统计的数据主要依据郭锡良《介词"以"的起源和发展》（《古汉语研究》1998 年第 3 期）及何乐士《〈左传〉虚词研究》（商务印书馆 1989 年版）。郭先生统计，《论语》中"以+宾语"位于 V 之前的数据不包括"何""是""所"等前置宾语，如加上，则为 47 次。表中，"V"代表动词，"+"表示能出现，"-"表示不能出现。

根据表 4-1 的统计数字可以看出，介词"与""为"组成的介词结构只出现于动词之前，介词"以"组成的介词结构大多数出现于动词之前，介词"于"组成的介词结构大多数出现于动词之后。由于介词结构在句子中位置的分布不同，所以介词"于"的支配成分很少省略，而介词"以"

"与""为"的支配成分经常省略。

（2）介词前是否出现副词、助动词或连词，也影响介词支配成分的省略。据我们考察，介词"以"前经常出现上述3类词，"与""为"次之，"于"前很少出现。例如：

⑬ 不知命，无以为君子也。（论语20·3）
⑭ 君之惠，不以累臣衅鼓，使归就戮于秦，寡君之以为戮，死且不朽。（僖公33·3）
⑮ 而君之仓廪实、府库充，有司莫以告，是上慢而残下也。（孟子2·12）
⑯ 善人为邦百年，亦可以胜残去杀矣。（论语13·11）
⑰ 于齐国之士，吾必以仲子为巨擘焉。（孟子6·10）
⑱ 衣食所安，弗敢专也，必以分人。（庄公10·1）
⑲ 得百里之地而君之，皆能以朝诸侯有天下。（孟子3·2）
⑳ 为民父母，使民盻盻然，将终岁勤动，不得以养其父母。（孟子5·3）
㉑ 恤大舍小，足以为盟主，又焉用之？（昭公1·2）

以上是介词"以"前出现副词、助动词、连词的例子。下面是介词"与"和"为"前出现副词、助动词、连词的例子：

㉒ 不立于恶人之朝，不与恶人言。（孟子3·9）
㉓ 楚人上左，君必左，无与王遇。（桓公8·2）
㉔ 君以一乘入于鲁师，季孙必与君归。（昭公31·2）
㉕ 周公将与王孙苏讼于晋，王叛王孙苏，而使尹氏与聃启讼周公于晋。（文公14·9）
㉖ 齐侯欲与卫侯乘，与之宴而驾乘广，载甲焉。（定公13·1）
㉗ 自暴者，不可与有言也；自弃者，不可与有为也。（孟子7·10）
㉘ 丧事不敢不勉，不为酒困。（论语9·16）
㉙ 无为吾望尔也乎？（成公2·7）
㉚ 今有受人之牛羊而为之牧者，则必为之求牧与刍矣。（孟子7·9）
㉛ 止，将为三军获。（襄公18）

介词"于"前很少出现副词、助动词和连词,以下用法在先秦极为少见:

㉜ 晋人御师必于殽,殽有二陵焉。(僖公32·3)
㉝ 栾黡死,盈之善未能及人,武子所施没矣,而黡之怨实章,将于是乎在。(襄公14·3)
㉞ 人亦于女何有?(昭公6·5)

我们对《论语》《孟子》《左传》进行统计,列表说明副词、助动词及连词在介词"于""以""与""为"前出现的情况:

表4-2 副词、助动词及连词在介词"于""以""与""为"前出现的情况

介词	不	无	必	将	亦	可	能	得	欲	足
于	2次	0次	3次	3次	1次	0次	0次	0次	2次	0次
以	多次	多次	多次	多次	10次	多次	17次	2次	多次	多次
与	多次	5次	1次	5次	1次	11次	6次	3次	5次	3次
为	8次	4次	6次	15次	0次	2次	5次	0次	0次	0次

说明:表4-2中数字为《论语》《孟子》《左传》3部书中用法的总数。"于"和"不"搭配2次仅见于《左传》,且引自《尚书》。表中"多次"表示使用20次以上。

(3)为了论述的方便,我们把介词后边的宾语看作介词的支配成分。古汉语介词后一般出现支配成分,这是和现代汉语一致的地方;同时,古汉语介词除了"于"以外,其他介词后面的支配成分容许出现空缺,这种空缺有的是因省略造成的,有的是由于移位造成的。例如:

㉟ 赐也,始可与 e 言《诗》已矣!告诸往而知来者。(论语1·15)
㊱ 自暴者,不可与 e 有言也;自弃者,不可与 e 有为也。(孟子7·10)
㊲ 公孟之不善,子所知也,勿与 e 乘,吾将杀之。(昭公20·4)
㊳ 君若以力,楚国方城以 e 为城,汉水以 e 为池,虽众,无所用之。(僖公4·1)
㊴ 明日,子路行以 e 告。(论语18·7)

㊵ 礼，为旧君有服。何如斯可为 e 服矣？（孟子 8·3）
㊶ 我楚国之为 e，岂为一人行也！（襄公 28·12）
㊷ 有恸乎？非夫人之为 e 恸而谁为 e！（论语 11·10）
㊸ 卫宁武子来聘，公与之宴，为 e 赋《湛露》及《彤弓》。（文公 4·7）

以上例子中，例㉟、例㊱、例㊳、例㊶、例㊷为移位造成介词支配成分空缺，其他是由省略造成的介词支配成分的空缺。实际上，我们把例㉟～㊸中介词支配成分的空缺都看成省略。

介词支配成分的省略和支配成分的移位是互相制约、互为条件的。一般说来，一个介词的支配成分能在句子中移位（移于介词之前），则这一介词的支配成分往往也可以省略；反之，则不能省略。这就是说，移位也是省略的条件之一。如介词"以""与""为"的支配成分如果为疑问代词，则往往移位于介词之前（见以下各节），介词"于"所支配的疑问代词一般不前移。① 前者所支配的成分往往可以省略，而后者不能。

所谓移位，按现代语言学的意义理解，是指句子的变换方式之一，即句子内某一成分由原来的位置移到另一位置，而在原来的位置上留下空位，也称为"空语类"。在我国传统语法学中，通常以"倒装"或"倒置"概括之。而省略一般是指受语境（主要是上下文）制约的句子成分的省略，是发生于句子与句子之间的一种言语行为。鉴于省略和移位之间这种互相制约的关系，本书把它们都看作介词支配成分的省略。事实上，在人们的语感和研究中很少对它们做严格区分，原因大致有两点。

第一，在大多数人或语言学家的语感里，省略和移位似无区别。例如：

㊹ 赐也，始可与 e 言《诗》已矣！告诸往而知来者。（论语 1·15）
㊺ 此邦之人，不可与 e 处。（诗经·小雅·黄鸟）

---

① "于"所支配的成分很少前移，只有少数名词性成分在某些特殊的句法格式中前移，但相当罕见，主要见于《左传》。例如：
谚所谓"室于怒市于色"者，楚之谓矣。（昭公 19·11）
入而能民，土于何有？（僖公 9·6）
王贪而无信，唯蔡于感。（昭公 11·2）
《马氏文通》谓以上例子"皆反乎常例"。

㊻ 公孟之不善，子所知也，勿与 e 乘，吾将杀之。（昭公 20・4）

㊼ 自此其父之死，吾蔑与 e 比而事君矣。（国语・晋语八）

以上都是一般语法书中常引的省略用例。例 ㊹ 和例 ㊺“与”后的省略是由移位造成的，因为其所指对象就在句内。例 ㊻ 省略的所指对象不在句内，而是上句的主语。例 ㊼ 省略的所指对象不见于上下文，而是泛指。人们都习惯于称它们为“省略”。

第二，在语言的发展演变过程中，省略和移位往往同时发生作用，例如“以”的支配成分的空位，郭锡良指出：“有时是前置，有时是省略，难以划清。”① 例如：

㊽ 素以为绚兮。（论语 3・8）

㊾ 羔裘玄冠不以吊。（论语 10・6）

㊿ 隐居以求其志，行义以达其道。（论语 16・11）

以上 3 例分别可以做两种不同形式的变换：

(51) a. 素以［之］为绚兮。
b. 以素为绚兮。

(52) a. 羔裘玄冠不以［之］吊。
b. 不以羔裘玄冠吊。

(53) a. 隐居以［之］求其志，行义以［之］达其道。
b. 以隐居求其志，以行义达其道。

以上 3 例中，a 句分析为省略，b 句分析为移位。

何乐士把和例 ㊽ 、例 ㊾ 类似的句子如例 (54) 中的“以”分析为连词，因而句中没有发生移位或省略。②

(54) 政以治民，刑以正邪。（隐公 11・4）

---

① 郭锡良：《介词“以”的起源和发展》，载《古汉语研究》1998 年第 3 期。

② 参见何乐士《〈左传〉虚词研究》，商务印书馆 1989 年版。

其理由主要是，介词"以"所指代的对象都不在本句之内而在上下文中，拿此作为标准，自然上例中的"以"就不够介词的资格了。我们认为这种看法的理由是不够充分的，因为：① 何文中承认"是以""何以""所以"是移位，那么，"是""何""所"是不是"以"的所指对象？如果是，这些所指对象显然在本句之内。② 用所指对象是否在本句之内来区分介词和连词，不适用于其他词，如例 ㊹～㊼ 句中的"与"。③ 不能反映介词"以"向连词"以"的演变过程。基于此，本书把例 ㊺ 之类的句子看作省略句。例 ㊾ 反映了介词向连词过渡阶段的特点，可以把其中的"以"当作连词看待。

（4）根据上面的论述，可以看出古汉语介词在句法功能上的差异。这些差异可通过表 4-3 显示：

表 4-3　古汉语介词在句法功能上的差异

分布条件		于	以	与	为
前面出现副词、助动词、连词的情况		很少	多	较多	较多
介词结构在句中的位置	V 前	少	多	+	+
	V 后	多	少	-	-
能否省略		-	+	+	+
能否移位		少	+	+	+

说明：表中，"+"表示能出现，"-"表示不能出现。

通过表 4-3，可以把"于""以""与""为"分为两类："于"为一类，在本书考察的语料里，除了少数特殊用法，绝大部分都用作介词；"以""与""为"为一类，它们除了用作介词，还兼有动词、连词的用法，有时 3 种用法很难区分。由"以""与""为"组成的介词结构往往省略或隐含动词中心语，其中有些介词可以看成动词，特别是由"与"和"为"组成的介词结构，其中心语很难根据上下文补出来。例如：

㊾ 哀公问社于宰我。宰我对曰："夏后氏以松〔　〕，殷人以柏〔　〕，周人以栗〔　〕，曰，使民战栗。"（论语 3·21）

㊺ 桓公九合诸侯，不以兵车〔 〕，管仲之力也。（论语 14·16）

㊺ 晋楚之富，不可及也；彼以其富〔 〕，我以吾仁〔 〕；彼以其爵〔 〕，我以吾义〔 〕，吾何慊乎哉？（孟子 4·2）

㊺ 我一人之为〔 〕，非为楚也。（襄公 28·12）

㊺ 吾为君〔 〕也，非为身〔 〕也。君既定矣，又何求？（定公 5·7）

㊺ 子行三军，则谁与〔 〕？（论语 7·11）

例㊺和例㊺中的"以"，郭锡良先生分析为表示抽象意义"用""使用"的动词。① 例㊺中的"与"也有人分析为动词。例㊺和例㊺中的介词结构后根本补不出动词中心语。

由"于"组成的介词结构其后也可以省略中心语，但其省略的成分一般可根据上下文补出。例如：

㊶ 凡公女嫁于敌国：姊妹，则上卿送之，以礼于先君；公子，则下卿送之。〔 〕于大国，虽公子，亦上卿送之。〔 〕于天子，则诸卿皆行，公不自送。〔 〕于小国，则上大夫送之。（桓公 3·6）

㊷ 凡诸侯之丧，异姓临于外，同姓〔 〕于宗庙，同宗〔 〕于祖庙，同族〔 〕于祢庙。（襄公 12·3）

例㊶"于大国""于天子""于小国"都承前省略了"凡公女嫁"。例㊷后 3 个"于"前都承前省略了"临"字。

古汉语介词"于""以""与""为"在句法上表现出来的差异和它们虚化的时间顺序是相对应的。汉语中的绝大多数介词都是由动词虚化演变而来的。"于"在甲骨文时代就大量用作介词，"以"的介词用法产生于金文时代，"与""为"的介词用法产生于西周以后。根据动词虚化为介词时间的先后顺序，介词"于""以""与""为"可做如下排列：

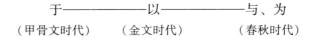

于————————以————————与、为
（甲骨文时代）　（金文时代）　　（春秋时代）

---

① 参见郭锡良：《介词"以"的起源和发展》，载《古汉语研究》1998 年第 3 期。

这一顺序正好和它们各自在句法上所表现出来的特点相照应。至于如何解释这种照应关系，还有待进一步探索。

二、语义因素

在讨论语义因素对介词支配成分省略的制约之前，有必要先搞清楚先秦介词的语义功能。

从语义上可以把介词定义为一种"格"或语义成分标记。所谓格或语义成分，是指一个动词在句法结构中，有可能与它发生语义联系的成分的语义类别的总和。格或语义成分可以是无标记的，也可以是有标记的。例如：

① 小王打碎了花瓶。
　花瓶被小王打碎了。
② 《红楼梦》，我读了三遍。
　我把《红楼梦》读了三遍。
③ 台上坐着主席团。
　主席团坐在台上。

以上例子中，加点部分为无标记语义成分，画线部分为有标记语义成分，"小王"是施事，"《红楼梦》"是受事，"台上"为处所。

以往的古汉语语法研究者也注重介词的语义功能，但一般是从某个介词出发，很少从全局着眼进行论述，因而要么分类过细，要么分类过粗。本书综合分析介词"于""以""与""为"的语义功能，把古汉语介词的语义功能归并为 11 类，即引进施动者、引进受动者、引进受益者、引进伴随者、引进对象、引进工具、引进方式、引进时间、引进处所、引进原因、引进目的。一种语义成分可以由多个介词标记，一个介词可以引进多种语义成分。① 下面分别举例说明。

（1）引进施动者，用介词"为""于"。例如：

④ 今伐其师，楚必救之。战而不克，为诸侯笑。（襄公 10·11）

---

① 下文对介词语义功能的论述以它们在古书中的常见用法为主，一些罕见的、特殊的用法，不在讨论之列。

⑤ 我克则进，奔则亦视之，乃可以免。不然，必为吴禽。（襄公25·8）
⑥ 止，将为三军获；不止，将取其衷。（襄公18·3）
⑦ 道术将为天下裂。（庄子·天下）
⑧ 劳心者治人，劳力者治于人。（孟子5·4）
⑨ 御人以口给，屡憎于人。（论语5·5）
⑩ 克伤于矢，流血及屦，未绝鼓音。（成公2·3）

以上句子，一般语法书称之为"被动句"。我们同意王力先生的看法，只有由"为"引入施动者的句子才是真正的被动句，由"于"引进施动者的句子并不是真正的被动句，而只是借用处所状语来引进施事者。① 因为由"于"引入的成分并不完全具有施动者的特征，如例⑩中的"矢"。而由"为"引进的施动者一般是有生名词，有生名词充当施动者的可能性最大，例⑤中的"吴"和例⑦中的"天下"实际上是指吴国人（或吴军）和天下人。

（2）引进受动者，用介词"以""于"。例如：

⑪ 韩宣子使邴人聚其众，将以叔孙与之。（昭公23·2）
⑫ 齐悼公之来也，季康子以其妹妻之，即位而逆之。（哀公8·3）
⑬ 子期似王，逃王，而己为王，曰："以我与之，王必免。"（定公4·3）
⑭ 伯州犁以公卒告王。苗贲皇在晋侯之侧，亦以王卒告。（成公16·5）
⑮ 及河，子犯以璧授公子。（僖公24·1）
⑯ 公见之，以难告。（僖公24·1）
⑰ 及宋，宋襄公赠之以马二十乘。（僖公23·6）
⑱ 宣子逆诸阶，执其手，赂之以曲沃。（襄公23·3）

以上是由"以"引进受动者的句子，其谓语多为表示"受与"义或"言

---

① 参见王力《汉语语法史》，见《王力文集》（第11卷），山东教育出版社1990年版。

说"义的动词，如"与""授""赐""赠""贿""献""妻""告""语"等，引进受动者的介词结构既可置于动词之前，也可置于动词之后。置于动词之后的受动者可以不用标记词"以"，如《荀子·宥坐》："孔子曰：'居，吾语汝其故。'"《孔子家语·始诛》："孔子曰：'居，吾语汝以其故。'"

⑲ 凡诸侯有四夷之功，则献于王，王以警于夷；中国则否。（庄公 31·1）

⑳ 及文子卒，卫侯始恶于公叔戍，以其富也。（定公 13·3）

㉑ 今吴是惧，而城于郢，守已小矣。（昭公 23·9）

㉒《诗》曰："胡不相畏？不畏于天。"君子之不虐幼贱，畏于天也。（文公 15·11）

以上是由"于"引进的受动者，实际相当于宾语，是对宾语的强调。如例 ⑳、例 ㉑ 在《左传》中有相应的表示法，却没有用介词"于"。例如：

㉓ 莒于是乎大恶其君。（昭公 22·1）

㉔ 楚囊瓦为令尹，城郢。（昭公 23·9）

（3）引进受益者，用介词"为""与"。例如：

㉕ 为之娶于齐，而美，公取之。（桓公 16·5）

㉖ 归子而不归，鲋也闻诸吏，将为子除馆于西河，其若之何？（昭公 13·9）

㉗ 故为渊驱鱼者，獭也；为丛驱爵者，鹯也；为汤、武驱民者，桀与纣也。（孟子 7·9）

㉘ 汤使亳众往为之耕，老弱馈食。（孟子 6·5）

㉙ 季氏富于周公，而求也为之聚敛而附益之。（论语 11·17）

㉚ 善为我辞焉。（论语 6·9）

㉛ 我不贯与小人乘，请辞。（孟子 6·1）

㉜ 秦王闻之惧，令辛戍告楚曰："毋与齐东国，吾与子出兵矣。"（战国策·楚策四）

㉝ 后若有事，吾与子图之。（国语·吴语）

引进受益者的介词相当于现代汉语的"替""给"。由"与"引进的受益者很容易和由它引进的伴随者混淆，如例 ㉛，杨伯峻先生译为"我不习惯于替小人驾车"是正确的。引进受益者的介词结构只能置于动词之前。

（4）引进伴随者，用介词"以""与""于"。例如：

㉞ 郑人以王师、虢师伐卫南鄙。（隐公 1·11）
狐毛、狐偃以上军夹攻子西，楚左师溃。（僖公 28·3）
子，国卿也。陨子，辱矣。子以众退，我此乃止。（成公 2·2）
㉟ 九月，侨如以夫人妇姜氏至自齐。（成公 14·4）
夏，莒人入向，以姜氏还。（隐公 2·2）
公知之，尽以宝行。（文公 16·5）
吾以剑过朝，公若必曰："谁之剑也？"（定公 10·5）
㊱ 王以巩伯宴，而私贿之。（成公 2·9）
施而不德，乐氏加焉，其以宋升降乎！（襄公 29·7）
既享，子产乃具田备，王以田江南之梦。（昭公 3·12）
天下有变，王割汉中以楚和。（战国策·周策）
㊲ 古之人与民偕乐，故能乐也。（孟子 1·2）
公与三子入于季氏之宫，登武子之台。（定公 12·2）
子沿汉而与之上下，我悉方城外以毁其舟。（定公 4·3）
㊳ 陆浑氏甚睦于楚，必是故也。（昭公 17·4）
夏，盟于艾，始平于齐也。（隐公 6·3）

由"以"引进的伴随者可以分为 3 小类：例 ㉞ 为一类，"以"具有"率领"的意义，其引进的成分为有生名词；例 ㉟ 为一类，"以"具有"携带"的意义，其引进的成分可以是有生名词，也可以是无生名词；例 ㊱ 为一类，表示与施动者伴随的对象。其中，例 ㉞、例 ㉟ 中的"以"保留了较多动词的特征，例 ㊱ 中的"以"则完全虚化了。由"与"和"于"引进的伴随者的意义大致和例 ㊱ 相当。

引进伴随者的介词结构除了"于"以外，其他均置于动词之前。

（5）引进对象，用介词"于"，可以分为3小类。例如：

㊴ 于文：皿虫为蛊。（昭公1·12）
礼之于政，如热之有濯也。（襄公31·10）
吾于子思则师之矣，吾于颜般则友之矣。（孟子10·3）
寡人之于国也，尽心焉耳矣。（孟子1·3）
叔父有憾于寡人，寡人弗敢忘。（隐公5·9）
今吾于人也，听其言而观其行。（论语5·10）

㊵ 王如施仁政于民，省刑罚，薄税敛，深耕易耨。（孟子1·5）
初，尹公佗学射于庾公差，庾公差学射于公孙丁。（襄公14·4）
王使问礼于左师与子产。（昭公4·3）
北戎伐齐，齐侯使乞师于郑。（桓公6·4）
范献子取货于季孙，谓司城子梁与北宫贞子曰……（昭公27·4）

㊶ 吴句余予之朱方，聚其族焉而居之，富于其旧。（襄公28·9）
王如知此，则无望民之多于邻国也。（孟子1·3）

其中，例㊴表示所对，即表示动作在一定范围内所指的对象；例㊵表示所向，即表示动作的施与对象即接受者；例㊶表示所比，即表示动作比较的对象。表示所对的介词结构置于动词之前，表示所向和所比的介词结构置于动词之后。

（6）引进工具，用介词"以"。例如：

㊷ 晋人执季孙意如，以幕蒙之，使狄人守之。（昭公13·3）
㊸ 胥臣蒙马以虎皮，先犯陈、蔡。（僖公28·3）
㊹ 公寝，将以戈击之，乃走。（昭公25·6）
㊺ 太子救之以戈。（哀公2·3）
㊻ 许子以釜甑爨、以铁耕乎？（孟子5·4）
㊼ 子路从而后，遇丈人，以杖荷蓧。（论语18·7）
㊽ 臣闻之：大上以德抚民，其次亲亲，以相及也。（僖公24·2）

"以"引进的工具语，大多是表示工具的具体名词，只有极少数工具语由抽象名词充当，如例㊽。引进工具语的介词结构可置于动词之前或之后。

（7）引进方式，用介词“以”。例如：

㊾ 秋，郑人以王命来告伐宋。（隐公9·4）

㊿ 且执事以伯召诸侯，而以侯终之，何利之有焉？（哀公13·4）

(51) 以贤，则去疾不足；以顺，则公子坚长。（宣公4·2）

(52) 若夫宋国之法，死生之度，先君有命矣，群臣以死守之，弗敢失队。（昭公25·8）

(53) 以先王观之，则尚德也。（定公4·1）

(54) 道千乘之国，敬事而信，节用而爱人，使民以时。（论语1·5）

(55) 君使臣以礼，臣事君以忠。（论语3·19）

由“以”引进的方式语可以表凭借，如例㊾、例㊿；可以表依照，如例(51)～(55)。引进方式和引进工具有时很难区分。可以说，“以”的引进方式是引进工具功能的延伸。

（8）引进时间，用介词“于”“以”。例如：

(56) 子于是日哭，则不歌。（论语7·10）

故春蒐、夏苗、秋狝、冬狩，皆于农隙以讲事也。（隐公5·1）

(57) 赏以春夏，刑以秋冬。（襄公26·10）

乃征会于诸侯，期以明年。（昭公24·6）

诸侯将以甲戌盟，寡君知不得事君矣，请君无勤。（昭公13·3）

由“于”引进的时间语一般置于动词之前，如例(56)。除此之外，古汉语中的“于是”大多表示时间。“以”引进的时间语可以置于动词前或后。

（9）引进处所，用介词“于”。引进处所的“于”可以分为两类。例如：

(58) 八佾舞于庭，是可忍也，孰不可忍也？（论语3·1）

登铁上，望见郑师众，大子惧，自投于车下。（哀公2·3）

鸟兽之肉不登于俎，皮革、齿牙、骨角、毛羽不登于器，则公不射，古之制也。（隐公5·1）

(59) 今燕虐其民，王往而征之，民以为将拯己于水火之中也，箪食

壶浆以迎王师。(孟子 2·11)
民有好恶、喜怒、哀乐，生于六气，是故审则宜类，以制六志。(昭公 25·3)
出怒不怒，则怒出于不怒矣。(庄子·庚桑楚)
奚取于三家之堂？(论语 3·2)
千里之行始于足下。(老子·64 章)

例 ㊷ 表示动作的起点或原点，相当于现代汉语的"在""到"。例 ㊸ 表示动作的来源或源点，相当于现代汉语的"从""自"等。引进处所的介词结构一般位于动词之后。

（10）引进原因，用介词"为""以"。例如：

㊿ 夫司寇行戮，君为之不举，而况敢乐祸乎？(庄公 20·1)
为吾子之将行也，郑之有原圃，犹秦之有具囿也。(僖公 33·1)
为郊战故，公会吴子伐齐。(哀公 11·3)
㊱ 晋以僖侯废司徒，宋以武公废司空。(桓公 6·6)
郑以救公误之，遂失秦伯。(僖公 15·4)
执邾悼公，以其伐我故。(襄公 19·1)
君子不以言举人，不以人废言。(论语 15·23)

由"为"和"以"引进的原因，一般位于动词之前。如果介词所带宾语比较复杂，可置于句子前后。

（11）引进目的，用介词"为"。例如：

㊲ 冬，楚子为陈夏氏乱故，伐陈。(宣公 11·5)
㊳ 臣君者，岂为其口实，社稷是养。(襄公 25·2)
㊴ 乡为身死而不受，今为宫室之美为之；乡为身死而不受，今为妻妾之奉为之；乡为身死而不受，今为所识穷乏者得我而为之，是亦不可以已乎？(孟子 11·10)

"为"引进的目的语只位于动词之前，其后的动词往往隐而不现。
以上主要根据介词结构和动词之间的语义关系，归纳出了古汉语介词的

11 种语义功能。如果结合介词结构的句法功能,可以进一步把以上 11 种语义关系归并为 7 类。① 施动者:为、于;② 受动者:以、于;③ 与事(包括受益者和伴随者):为、与;④ 对象:于;⑤ 凭借(包括工具和方式):以;⑥ 时处(包括时间和处所):于、以;⑦ 因果(包括原因和目的):为、以。

所谓介词的支配成分实际上是指施动者、受动者、与事者等语义成分。从句法层面上看,介词的支配成分大多充当介词的宾语,且一般位于介词之后。在古汉语里,有些介词后容许出现空位,它们都是由省略引起的。下面把介词支配成分在句子或话语中的位置概括为以下 5 种。

(A) P + Mo
(B) Mo + P + e
(C) Mt + P + e
(D) Ms + P + e
(E) Mc + P + e

以上格式中,P 表示介词,M 表示施动者、受动者等介词支配成分,小写字母 o、t、s、c、e 分别表示宾语、话题、句子或上下文语境、其他语境、空位。如 Mt 表示介词支配成分移位于介词之前,充当句子的话题,以下类推。格式(A)是介词及其支配成分的正常运用格式,格式(B)和格式(C)是移位,格式(D)和格式(E)是一般所谓的省略。下面以介词"以"为例:

㊺ 即不忍其觳觫,若无罪而就死地,故以羊(Mo)易之也。(孟子 1·7)

㊻ 居上不宽,为礼不敬,临丧不哀,吾何(Mo)以 e 观之哉?(论语 3·26)

㊼ 夫颛臾(Mt),昔者先王以 e 为东蒙主。(论语 16·1)

㊽ 小人有母,皆尝小人之食矣;未尝君之羹(Ms),请以 e 遗之。(隐公 1·4)

㊾ 子曰:"吾尝终日不食,终夜不寝,以 e 思,无益,不如学也。"(论语 15·31)

从上面例子可以看出,介词支配成分移位和省略的区别实际上表现为支配成分和介词的距离。例 ㊻、例 ㊼ 介词的支配成分和介词在同一句子中,

例 ㊻ 介词的支配成分和介词不在同一句子中，例 ㊼ 介词的支配成分在话语之外。

从我们收集的例句看，并不是介词后面各种支配成分都能移位或省略，如介词引出的是动作的对象，则该支配成分既不能移位，也不能省略；介词引出的是时处，则该支配成分只有少数能移位（见第四章第三节第一部分第 2 点）。另外，能够移位或省略的支配成分在出现频率上也有多少之分。据此，把介词各类支配成分按能否省略或省略的频率做如下排列：凭借＞与事＞受动者＞因果＞施动者＞时处＞对象。式中的"＞"表示前项支配成分省略的频率或可能性大于后项。

从制约介词支配成分省略的句法、语义因素看，介词支配成分的移位和一般所谓的省略所受的句法、语义限制大致相同。为了描写和说明的方便，下文把介词支配成分的省略分为两类，即移位型省略和语境型省略。

第二节　介词"以"支配成分的省略

一、移位型省略

1. 规则移位：代词移位

所谓规则移位，是指受语法或语义规则制约的移位现象，这里主要指代词充当介词"以"的支配成分的移位。马建忠在《马氏文通》中对此做过说明："'以'司'何''是'两代字，倒置为常，司'之''此'诸字则否。""'以'司'所'字，则必后焉。""以"所支配的成分移位可以概括为 3 条。

第一，疑问代词"何"充当介词"以"的支配成分，一概移位于"以"之前。"何以"在《论语》中出现 8 次，在《孟子》中出现 25 次，在《左传》中出现 106 次。它们构成疑问句或反问句，询问动作的凭借或原因。例如：

① 失忠与敬，何以事君？（僖公 5·2）
② 何以报德？以直报怨，以德报德。（论语 14·34）
③ 王曰："何以利吾国？"（孟子 1·1）
④ 乃入见，问何以战。（庄公 10·1）

⑤ 居上不宽，为礼不敬，临丧不哀，吾何以观之哉？（论语3·26）
⑥ 吾王庶几无疾病与？何以能鼓乐也？（孟子2·1）

例①～⑤询问凭借，例⑥询问原因。由"何"修饰其他词组成的名词性词组充当介词"以"的支配成分，也要前移，如例⑦、例⑧：

⑦ 若以大夫之灵，得保首领以没；先君若问与夷，其将何辞以对？（隐公3·5）
⑧ 若复旧职，将承王官，何故以役诸侯？（定公1·1）

第二，代词"所"充当介词"以"的支配成分，必前移于介词"以"之前，主要表示凭借的对象，少数表示原因。《论语》用"所以"4次，《孟子》33次，《左传》81次。例如：

⑨ 吾党之小子狂简，斐然成章，不知所以裁之！（论语5·22）
⑩ 公事毕，然后敢治私事，所以别野人也。（孟子5·3）
⑪ 存其心，养其性，所以事天也。（孟子13·1）
⑫ 夫礼，所以整民也。（庄公23·1）
⑬ 不轨不物，谓之乱政。乱政亟行，所以败也。（隐公5·1）
⑭ 斯民也，三代之所以直道而行也。（论语15·25）

例⑨～⑫表示凭借的对象，例⑬、例⑭表示原因，引出结果分句，这是后来连词"所以"的直接来源。

第三，指示代词"是"和介词"以"结合，如果在话语中引进原因，表示因果关系，则"是"置于"以"之前。《论语》用"是以"4次，《孟子》17次，《左传》162次。例如：

⑮ 仲尼之徒无道桓、文之事者，是以后世无传焉，臣未之闻也。（孟子1·7）
⑯ 自郢以来，晋不失备，而加之以礼，重之以睦，是以楚弗能报，而求亲焉。（昭公5·4）
⑰ 敏而好学，不耻下问，是以谓之文也。（论语5·15）

⑱ 虽小道，必有可观者焉；致远恐泥，是以君子不为也。（论语 19·4）

⑲ 稷思天下有饥者，由己饥之也，是以如是其急也。（孟子 8·29）

⑳ 如告，则废人之大伦以怼父母，是以不告也。（孟子 9·2）

如果"是"引进的不是原因，而是所凭借的对象，则"是"置于"以"之后。"以是"在《孟子》中出现 3 次，在《左传》中出现 7 次，全部表示动作的凭借对象。例如：

㉑ 庶人在官者，其禄以是为差。（孟子 10·2）

㉒ 而后受之，以是为不恭，故弗却也。（孟子 10·4）

㉓ 子以是为窃屦来与？（孟子 14·30）

㉔ 毕万之后必大。万，盈数也；魏，大名也。以是始赏，天启之矣。（闵公 1·6）

㉕ 余为伯儵。余，而祖也。以是为而子。（宣公 3·6）

㉖ 楚人以是咎子重。（襄公 3·1）

㉗ 以是观之，人谓子产不仁，吾不信也。（襄公 31·11）

㉘ 子貉早死无后，而天钟美于是，将必以是大有败也。（昭公 28·2）

㉙ 而先皆季氏之良也，尔以是继之。（定公 8·10）

㉚ 介在蛮夷，而长寇雠，以是求伯，必不行矣。（哀公 1·2）

据此，可以解释同样是指示代词"此"充当"以"的支配成分，却往往位于"以"后，因为"以此"引出的都是动作所凭借的对象，"以此"只在《左传》中出现 6 次。① 例如：

㉛ 以此赞国，择利而为之。（闵公 2·5）

---

① 《左传》中有 3 例"此以"连用结构，但出现在同一篇中：

是以将赏，为之加膳，加膳则饫赐，此以知其劝赏也。将刑，为之不举，不举则彻乐，此以知其畏刑也。夙兴夜寐，朝夕临政，此以知其恤民也。（襄公 26·10）

"此以"在此均表示凭借，似不符合本书所述规律。它们出现在同篇同段中，没有其他旁证，对其可做进一步研究。

㉜ <u>以此</u>攻城，何城不克？（僖公4·1）
㉝ <u>以此</u>不和。（僖公15·8）
㉞ 君<u>以此</u>始，亦必以终。（宣公12·2）
㉟ 思则有备，有备无患。敢<u>以此</u>规。（襄公11·5）
㊱ 齐人欲<u>以此</u>逼鲁，必倍与子地。且盍多舍甲于子之门以备不虞？（定公10·5）

由于"是以""所以"经常用于陈述动作的原因，又常常出现于复句中表结果的分句之首，因而出现了向连词转化的趋势，但绝大多数还是应该看作代词和介词的组合。

2. 语用移位：名词性成分移位

名词性成分移位，据笔者统计，《论语》中有29例，《孟子》中有8例，《左传》中有130例左右。移位的名词性成分主要有如下4种类型。

（1）表示道德、礼仪、习俗、制度等的抽象名词，主要见于《左传》。如"仁""义""礼""信""政""德""刑""乐""言""敬""奸"等。例如：

㊲ 君子<u>义</u>以为质，<u>礼</u>以行之，<u>孙</u>以出之，<u>信</u>以成之。（论语15·18）
㊳ <u>卜</u>以决疑。不疑，何卜？（桓公11·2）
㊴ <u>礼</u>以行义，<u>信</u>以守礼，<u>刑</u>以正邪。（僖公28·11）
㊵ <u>德</u>以柔中国，<u>刑</u>以威四夷，宜吾不敢服也。（僖公25·2）
㊶ <u>德</u>以施惠，<u>刑</u>以正邪，<u>详</u>以事神，<u>义</u>以建利，<u>礼</u>以顺时，<u>信</u>以守物。（成公16·5）
㊷ <u>服</u>以旌礼，<u>礼</u>以行事，事有其物，物有其容。（昭公9·5）

（2）表示时间的名词，如"夜""朝""夕""时""昼""日月"等。例如：

㊸ 其有不合者，仰而思之，<u>夜</u>以继日。（孟子8·20）
㊹ <u>闰</u>以正时，<u>时</u>以作事。（文公6·9）
㊺ <u>天</u>以七纪，戊子逢公以登，星斯于是乎出，<u>吾</u>是以讥之。（昭公10·1）

㊻ 侨闻之，君子有四时：朝以听政，昼以访问，夕以修令，夜以安身。（昭公1·12）

㊼ 曰我先君共王引领北望，日月以冀，传序相授，于今四王矣。（昭公7·3）

㊽ 加我数年，五十以学《易》，可以无大过矣。（论语7·17）

㊾ 太甲悔过，自怨自艾，于桐处仁迁义，三年以听伊尹之训己也，复归于亳。（孟子9·6）

例㊽的“五十”实际上指年龄，“以五十”就是指在50岁的时候。

（3）数词“一”或以“一”为修饰语的名词性词组。这种类型主要见于《论语》，《孟子》和《左传》中各有1例。例如：

(50)《诗》三百，一言以蔽之，曰：“思无邪。”（论语2·2）

(51) 参乎！吾道一以贯之。（论语4·15）

(52) 非也。予一以贯之。（论语15·3）

(53) 君子一言以为知，一言以为不知，言不可不慎也。（论语19·25）

(54) 非其义也，非其道也，一介不以与人，一介不以取诸人。（孟子9·7）

(55) 纥也闻之：在上位者洒濯其心，一以待人。（襄公21·2）

（4）表事物的一般名词。例如：

(56) 狐貉之厚以居。（论语10·6）

(57) 缪公亟见于子思，曰：“古千乘之国以友士，何如?”（孟子10·7）

(58) 曾子曰：“不可，江汉以濯之，秋阳以暴之，皜皜乎不可尚已。”（孟子5·4）

(59) 夫德，俭而有度，登降有数，文物以纪之，声明以发之，以临照百官。（桓公2·2）

(60) 其藏之也，黑牡、秬黍以享司寒。其出之也，桃弧棘矢，以除其灾。（昭公4·2）

(61) 天子省风以作乐，器以钟之，舆以行之。（昭公21·1）

(62) 颜渊死，颜路请子之车以为之椁。（论语11·8）

(63) 红紫不以为亵服。（论语10·6）

从语义关系上看，上述各类名词性成分的移位绝大多数表示动作行为的凭借，即使是表时间的名词，除了例㊽、例㊾两例，也大多如此。从结构上看，名词性成分移位以后，介词"以"前很少出现副词、连词或助动词。①

介词"以"后的名词性支配成分之所以可以移位，除了代词移位的影响因素外，主要是由语用因素决定的。

第一，正如麦梅翘指出，"以"所支配的名词性成分前移，是为了对该成分的强调。② 下面我们引用他的例子进行说明：

㉞ 子荡怒，以弓梏华弱于朝。（襄公6·2）
㉟ 十二月，齐侯田于沛，招虞人以弓，不进。公使执之。昔我先君之田也，旃以招大夫，弓以招士，皮冠以招虞人。臣不见皮冠，故不敢进。（昭公20·7）

例㉞和例㉟中的"十二月，齐侯田于沛，招虞人以弓，不进。公使执之"是一般的叙述，而"旃以招大夫，弓以招士，皮冠以招虞人"是表示议论或辩解，对前移成分加以强调。我们还观察到，"以"支配的名词性成分的前移多出现在口语化程度较高的作品中，如《论语》和《左传》中的对话部分。《孟子》里出现较少，这是因为尽管它在体裁上和《论语》相似，但脱离了《论语》简单、片断的记言形式，而成了对话式的长篇论文，语言的书面化程度有所提高。

第二，为了使句子的结构更为匀称，如果"以"所支配的成分较复杂或者较长，也往往把该成分移于"以"前。例如：

㊱ 和如羹焉，水、火、醯、醢、盐、梅，以烹鱼肉，燀之以薪，宰夫和之，齐之以味，济其不及，以泄其过。（昭公20·8）

---

① 《论语》中有少数移位结构可以受"可""不"的修饰。例如：
片言可以折狱者，其由也与！（论语12·12）
《诗》可以兴，可以观，可以群，可以怨。（论语17·9）
羔裘玄冠不以吊。（论语10·6）
② 参见麦梅翘《〈左传〉中介词"以"的前置宾语》，载《中国语文》1983年第5期。

(67) 声亦如味，一气，二体，三类，四物，五声，六律，七音，八风，九歌，以相成也。（昭公 20·8）

(68) 清浊、小大，短长、疾徐，哀乐、刚柔，迟速、高下，出入、周疏，以相济也。（昭公 20·8）

(69) 羔裘玄冠不以吊。（论语 10·6 ）

第三，最为重要的是，介词“以”支配成分的前移，是古汉语话题化的手段之一。因此，尽管前移的名词性成分在语义上是“以”所支配的对象，但在句法层面上则变成了句子的话题，而句子的主语常常可以省略。下面是几个典型的带话题的句子：

(70) 夫颛臾，昔者先王以 e 为东蒙主。（论语 16·1）

(71) 《诗》可以 e 兴，可以 e 观，可以 e 群，可以 e 怨。（论语 17·9）

(72) 旧令尹之事，必以 e 告新令尹。（论语 17·9）

(73) 先君之敝器，请以 e 谢罪。（昭公 7·1）

话题在语篇中具有衔接作用，而前移的名词性支配成分也具有同样的功能。例如：

(74) 名以出信，信以守器，器以藏礼，礼以行义，义以生利，利以平民，政之大节也。（成公 2·2）

(75) 夫名以制义，义以出礼，礼以体政，政以正民，是以政成而民听。（桓公 2·8）

(76) 服以旌礼，礼以行事，事有其物，物有其容。（昭公 9·5）

因为“以”所支配的名词性成分前移是古汉语话题化的手段之一，所以何乐士把受“以”支配的前移名词性成分看作主语①，这实际上是对汉语主语和话题关系的一种误解。

---

① 参见何乐士《〈左传〉虚词研究》，商务印书馆 1989 年版。

二、语境型省略

语境型省略指受语境因素（主要是上下文）制约的介词支配成分省略的现象。它和移位型省略的区别是：移位型省略其省略的对象出现在本句内，而且一般紧靠"以"；语境型省略其省略对象不出现在本句内，而是出现在本句之外的上下文或由其他语境因素决定。

语境型省略有时很难确认，它涉及 3 个方面的不同认识。

第一，对"以"的性质和用法的不同认识会影响对省略的认识。在第四章第一（3）部分已初步涉及介词"以"和连词"以"的区分问题。我们把"以"使用的句法格式归纳如下：

(A) 以 + NP + VP

(B) VP + 以 + NP

(C) Pron + 以 + VP

(D) NP + 以 + NP

(E) NP + 以 + VP

(F) VP + 以 + VP

(G) 以 + VP

格式（A）和格式（B）为典型的介词使用环境。格式（D）涉及介词"以"和动词"以"的区分（见第四章第一节第二部分）。在格式（E）中，如果 NP 为施事，则其中的"以"为介词。例如：

① 彭仲爽，申俘也。文王以 e 为令尹。（哀公 17·4）

② 御人以 e 告子元。（庄公 28·3）

如果 NP 为非施事，则对"以"的词性有两种不同看法：一种认为"以"为介词①，一种认为"以"为连词②。本书赞同前一种看法（见第四章第二节第一部分）。

---

① 参见麦梅翘《〈左传〉中介词"以"的前置宾语》，载《中国语文》1983 年第 5 期；郭锡良《介词"以"的起源和发展》，载《古汉语研究》1998 年第 3 期。

② 参见何乐士《〈左传〉虚词研究》，商务印书馆 1989 年版。

格式（F）和格式（G）中"以"的性质和用法，争议较多。因为它反映了介词"以"向连词"以"过渡阶段的特点。如果把这里的"以"看作连词，则无所谓省略问题；如果认为这里的"以"为介词，才能说"以"的支配成分省略了。

第二，对省略成分所指对象的认识也对判断"以"后支配成分是否省略有影响。有人认为，省略的对象应该具有确定性，根据上下文可以明确补出来，这是一种普遍的看法。有人认为，省略仅仅是为了分析句子的便利而说的，实际上有许多地方根本不能补出这个代词宾语来。① 例如：

③ 子曰："吾尝终日不食，终夜不寝，以思，无益，不如学也。"（论语 15·31）
④ 事君尽礼，人以为谄也。（论语 3·18）

例③王力先生以为"以"后省略了支配成分，但究竟省略的是什么，根据上下文是无法补出来的。例④"以"后省略了支配成分，但省略成分的所指对象可有两种理解：可以指"事君以礼"这件事，也可以指"事君以礼"的施事者。杨伯峻先生把后句译为"别人却以为他在谄媚哩"，显然是第二种理解。可见，例④省略成分的所指对象也是不确定的。

第三，对某些由"以"组成的固定用法的认识也影响对省略的认识。如"可以""以为"，王力先生认为它们在上古汉语里都是两个词的结合，"以"后省略了支配成分，汉代以后，才逐渐凝聚为单词。② 这一看法不完全符合古汉语的事实。

以上3点都涉及对介词"以"后支配成分省略的认识问题。我们认为，判断（E）、（F）、（G）3式中"以"是否为介词，也就是说，"以"后支配成分是否省略，应依据介词"以"的语法、语义和语用特点。至于省略成分的所指对象是否明确或是否可以补出，只能作为辅助标准，是省略的一

---

① 参见王力《汉语语法史》，见《王力文集》（第11卷），山东教育出版社1990年版，第455页。
② 参见王力《汉语语法史》，见《王力文集》（第11卷），山东教育出版社1990年版。

种情形。本书认为，在下列情况之下，"以"是介词，其后的支配成分省略了。

（1）如果"以"前出现助动词、副词或连词，则"以"为介词，因为连词前一般不出现以上词语。下面分别举例说明。

1）助动词+以。先秦汉语的助动词主要有"能""得""愿""欲""敢""请""足""可"等，除"可以""足以"有一部分凝聚为单词以外，其他助动词后的"以"概为省略了支配成分的介词，例如：

⑤ 子玉刚而无礼，不可以治民，过三百乘，其不能以 e 入矣。（僖公27·4）

得百里之地而君之，皆能以 e 朝诸侯，有天下。（孟子3·2）

故曰：徒善不足以为政，徒法不能以 e 自行。（孟子7·1）

⑥ 而毛得以 e 济侈于王都，不亡，何待？（昭公18·1）

为民父母，使民盼盼然，将终岁勤动，不得以 e 养其父母。（孟子5·3）

⑦ 非敢必有功也，愿以 e 间执谗慝之口。（僖公28·3）

⑧ 夏，齐侯、郑伯朝于纪，欲以 e 袭之。（桓公5·2）

夏，宋公使邾文公用鄫子于次睢之社，欲以 e 属东夷。（僖公19·3）

夏，公使如楚乞师，欲以 e 伐齐。（宣公18·2）

梁婴父嬖于知文子，文子欲以 e 为卿。（定公13·2）

苟行王政，四海之内皆举首而望之，欲以 e 为君。（孟子6·5）

⑨ 寡人之从君而西也，亦晋之妖梦是践，岂敢以 e 至？（僖公15·4）

子无重寡人之过，敢以 e 为请。（襄公3·7）

叔孙氏之甲有物，吾未敢以 e 出。（定公10·5）

牺牲不成，粢盛不洁，衣服不备，不敢以 e 祭。（孟子6·3）

牲杀器皿衣服不备，不敢以 e 祭，则不敢以 e 宴，亦不足吊乎？（孟子6·3）

⑩ 小人有母，皆尝小人之食矣，未尝君之羹。请以 e 遗之。（隐公1·4）

仲子生牙，属诸戎子。戎子请以 e 为太子，许之。（襄公19·5）

从者病矣，请以 e 食之。（昭公29·3）

以上为《左传》《孟子》中助动词修饰"以"省略的例子,《论语》中只出现两次"能以",但"以"的支配成分均没省略。下面表4-4显示助动词修饰"以"省略支配成分和不省略支配成分在上列3部书中的分布情况:

表4-4 助动词修饰"以"省略支配成分和不省略支配成分在
《论语》《孟子》《左传》中的分布情况

(单位:次)

书名	能以 不省	能以 省	得以 不省	得以 省	愿以 不省	愿以 省	欲以 不省	欲以 省	敢以 不省	敢以 省	请以 不省	请以 省	足以 词组	足以 单词	可以 词组	可以 单词
《论语》	2	0	0	0	0	0	0	0	0	0	0	0	4	0	16	17
《孟子》	4	2	0	1	0	0	2	1	0	4	1	0	17	17	18	60
《左传》	7	1	0	1	2	1	10	6	5	12	19	8	19	9	39	96
总计	13	3	0	2	2	1	12	7	5	16	20	8	40	26	73	173

由助动词"可"和"足"构成的固定搭配"可以""足以"用法比较复杂。何乐士认为,《左传》中的"可以""足以"是用"可""足"表示主语所代表的对象有条件或能够进行某项活动,用连词"以"把它们和动词中心语连接起来。① 我们不同意何先生把"可以""足以"中的"以"看作连词的观点,有主要有3个原因。

第一,如果承认"可""足"为助动词(或称为"能愿动词"),则"助动词+连词+VP"的形式在古今汉语里都是十分罕见的,也不能解释古汉语中的"可以""足以"同现代汉语中"可以""足以"的联系。

第二,何先生认为,在《左传》里"可以""足以"中的"以"没有一例可以带宾语,因此说"以"省略了宾语有些勉强。但我们在《孟子》中发现了两例"可以"的"以"带宾语:

⑪ 焉有君子而可以货取乎?(孟子4·3)
⑫ 恭俭岂可以声音笑貌为哉?(孟子7·16)

---

① 参见何乐士《〈左传〉虚词研究》,商务印书馆1989年版,第153页。

可见，并不是"以"后绝对不可以带宾语，更不能说其中的"以"是连词。

第三，先秦时期，有些"可以""足以"表示的意义和"可""足"相当，但它们的用法是有区别的。如"可""不可"在对话里经常可以单独回答问题，而"可以""不可以"却不能单独回答问题。正如第四章第一节第一部分所指出的，不能单独回答问题是介词重要的语法特点之一，这在古今汉语中是一致的。可见，先秦汉语中有一部分"可以""足以"中的"以"具有介词的语法特点。

基于上述3点，先秦汉语中的"可以""足以"实际上有两种情况：一种是助动词+介词；另一种是"可以""足以"融合在一起构成新词，"以"进一步虚化成了构词语素。（具体情况见表4-4）

如何区分上面两种情况，可以说是仁者见仁，智者见智，有的语焉不详。① 尽管我们不同意何乐士把上述"以"看作连词的意见，但她关于"可以""足以"联系的一般是施事主语的看法对我们仍是有启发的。不过"可以""足以"联系的并不都是施事主语。例如：

⑬ <u>《诗》</u>可以e兴，可以e观，可以e群，可以e怨。（论语17·9）
⑭ <u>片言</u>可以e折狱者，其由也与！（论语12·12）
⑮ 有孺子歌曰："<u>沧浪之水清</u>兮，可以e濯我缨；<u>沧浪之水浊</u>兮，可以e濯我足。"（孟子7·8）
⑯ <u>唯器与名</u>，不可以e假人，君之所司也。（成公2·2）
⑰ <u>是道也</u>，何足以e臧？（论语9·27）
⑱ <u>是心</u>足以e王矣。（孟子1·7）
⑲ 下士与庶人在官者同禄，<u>禄</u>足以e代其耕也。（孟子10·2）
⑳ 凡<u>物</u>不足以e讲大事，<u>其材</u>不足以e备器用，则君不举焉。（隐公5·1）

以上例子中画线的部分，毫无疑问是带"可以"或"足以"句子的主语，但都不是一般语法意义上的施事。如果硬要为它们补上施事主语，则画线部分只能理解为句子的话题，在语义上也是"以"的支配成分。下面带"可以"或"足以"的句子，其主语可以做不同的理解：

---

① 如郭锡良《介词"以"的起源和发展》（《古汉语研究》1998年第3期）。

㉑ 吾观晋公子之从者，皆足以 e 相国。若以相，夫子必反其国。（僖公 23·6）
㉒ 秦大而近，足以 e 为援；母义子爱，足以 e 威民。（文公 6·5）
㉓ 善人教民七年，亦可以 e 即戎矣。（论语 13·29）
㉔ 不得乎亲，不可以 e 为人；不顺乎亲，不可以 e 为子。（孟子 7·28）
㉕ 以臣召君，不可以 e 训。（僖公 28·9）
㉖ 暴骨以逞，不可以 e 争。（襄公 9·5）

如例㉑，若仅看前句，似乎"足以"后没有省略，联系该例的下句"若以相"，这里的"以"无疑是介词，由此可证"足以"的"以"也是介词，其支配成分省略了。例㉓后一句的主语可以理解为"善人"，也可以理解为"民"。若做前一种理解，则"以"后省略了支配成分，杨伯峻《论语译注》把该例的后半句译为"也能够叫他们作战了"。例㉖林尧叟《句解》解为"言争当以谋，不可以暴骨"，即"不可以暴骨争"。

2）副词或连词 + 以。先秦汉语中常见的副词和连词有"不""莫""必""亦""则""将""若""而""乃"等。"无以"的情况较为复杂，下文再单独讨论。前面有副词、连词的介词，其支配成分可以省略。例如：

㉗ 寡君不以即刑，而悼弃之，以 e 为君忧。（襄公 14·4）
今也欲无敌于天下，而不以仁，是犹执热而不以 e 濯也。（孟子 7·7）
㉘ 而君之仓廪实、府库充，有司莫以 e 告，是上慢而残下也。（孟子 2·12）
㉙ 旧令尹之政，必以 e 告新令尹。（论语 5·19）
衣食所安，弗敢专也，必以 e 分人。（庄公 10·1）
夫以强取，不义而克，必以 e 为道。（昭公 1·3）
㉚ 抑心所谓危，亦以 e 告也。（襄公 31·12）
子力行之，亦以 e 新子之国。（孟子 5·3）
舜亦以 e 命禹。（论语 20·1）
㉛ 无死！南孺子之子，男也，则以 e 告而立之；女也，则肥也可。（哀公 3·4）

夫子有遗言，命其圉臣曰："南氏生男，则以 e 告于君与大夫而立之。"（哀公 3·4）

君子信而后劳其民，未信则以 e 为厉己也。（论语 19·10）

㉜ 羽父请杀桓公，将以 e 求大宰。（隐公 11·8）

公子荆之母璧，将以 e 为夫人，使宗人衅夏献其礼。（哀公 24·3）

古之为关也，将以 e 御暴；今之为关也，将以 e 为暴。（孟子 14·8）

㉝ 若以 e 假人，与人政也。（成公 2·2）

若以 e 与我，皆丧宝也，不若人有其宝。（襄公 15·8）

㉞ 己弗能有，而以 e 与人，人之不至，不亦宜乎？（隐公 11·5）

鞅也不佞，不能与二三子同心，而以 e 为皆有罪。（昭公 25·6）

人见其禽兽也，而以 e 为未尝有才焉者，是岂人之情也哉？（孟子 11·8）

介词"以"前出现副词或连词，在《左传》中为 175 次，其中省略介词支配成分 55 次；在《孟子》中为 60 次，其中介词支配成分省略 19 次；在《论语》中为 21 次，省略介词支配成分 7 次。从以上 3 部书"以"前出现副词、连词看，其中介词支配成分省略各占三分之一左右。

"无以"的用法和"以"前出现其他副词的用法有所不同，它涉及对"无"的词性认识问题。《马氏文通》把"无"和"有"归为一类，称为同动字，并说："'有''无'两字后习用'以'字介词以系动字于后，而止词则隐而不书。"（按："止词"指"有""无"的宾语）"无"在先秦除了动词用法以外，还可以做副词，表示否定。例如：

㉟ 其竭力致死，无有二心。（成公 3·4）

㊱ 君子食无求饱，居无求安。（论语 1·14）

我们认为，"无以"中的"无"既不同于一般的动词用法，也不同于一般的副词用法，而是同时兼有动词和副词的某些特征，可以称之为"否定性动词"。其中的"以"也体现了介词向连词过渡阶段的特点。正因为如此，所以大多数"无以"可以做两种分析：可以认为是"无"后省略了宾语，也可以认为是"以"后省略了支配成分。例如：

㊲ 尔贡苞茅不入，王祭不共，无以缩酒，寡人是征。（僖公4·1）

可以按马建忠的分析，分析为"无［何］以缩酒"，也可以分析为"无以［苞茅］缩酒"。但是在一定的上下文里，"无以"的"无"只能分析为动词，"以"只能分析为介词，这是由语境制约而产生的词的功能突显，但这类例子在先秦并不多见。例如：

㊳ 请无以辞却之，以心却之，曰："其取诸民之不义也。"（孟子10·4）
㊴ 无以小害大，无以贱害贵。（孟子11·14）
㊵ 初命曰："诛不孝，无易树子，无以妾为妻。"（孟子12·7）
㊶ 人能无以饥渴之害为心害，则不及人不为忧矣。（孟子13·27）
㊷ 我死，必无以冕服敛，非德赏也。（襄公29·4）
㊸ 今君命逆使人曰"无以尸造于门"，是我寡君之命委于草莽也。（哀公15·2）
㊹ 至于烦，乃舍也已，无以生疾。（昭公1·12）
㊺ 废兴无以乱，则所愿也。（哀公6·6）

例㊳～㊸"以"后都带上了支配成分，例㊹和例㊺"以"后省略了支配成分。在《论语》《孟子》和《左传》中，共用"无以"39次，可以肯定分析为"副词+以"的只有以上8例。

（2）要判断（F）和（G）两种格式中"以"是否省略支配成分的介词，还要看"以"后动词的语法和语义特点。下列3类动词前的"以"一般是省略了支配成分的介词。

1）祈使动词，即表示告知、命名等行为的动词①，如"命""令""劝""教""告""语""名"等。这类动词的最大特点是可以带双宾语，但在下列句子中只出现一个宾语：

㊻ 舜亦以 e 命禹。（论语20·1）

---

① 关于"祈使动词"及下文"赐予动词"的定义，可参见李佐丰《文言实词》，语文出版社1994版，第67、第100页。

㊼ 及生，有文在其手曰"友"，遂以 e 命之。（闵公2·4）

㊽ 及生，如卜人之言，有文在其手曰"友"，遂以名之。（昭公32·4）

㊾ 五月甲辰，会于邢丘，以 e 命朝聘之数，使诸侯之大夫听命。（襄公8·4）

㊿ 司马请瑞焉，以 e 命其徒攻桓氏。（哀公14·4）

㈤ 以地叛，虽贱，必书地，以 e 名其人，终为不义，弗可灭已。（昭公31·5）

㈥ 是岁也，狄伐鲁，叔孙庄叔于是乎败狄于咸，获长狄侨如及虺也、豹也，而皆以 e 名其子。（襄公30·3）

㈦ 其父死于路，己为蛮尾，以 e 令于国，国将若之何？（昭公4·6）

㈧ 子若免之，以 e 劝左右，可也。（昭公1·2）

㈨ 人不难以死免其君，我戮之，不祥，赦之，以 e 劝事君者。（成公2·3）

㈩ 子木归以 e 语王。（襄公27·4）

㈠ 子服景伯以 e 告子贡。（论语19·23）

㈡ 涛涂以 e 告齐侯，许之。（僖公4·2）

㈢ 徐子以 e 告夷子。（孟子5·5）

2）赐予动词，如"赐""与""授""赏""予""分""遗""畀""献""嫁""取""妻"等。赐予动词一般带对象宾语和受事宾语，但在下列句子中只出现对象宾语：

㈥ 其帑以 e 赐诸侯，使臣妾之，亦唯命。（宣公12·1）

㈦ 竖牛取东鄙三十邑，以 e 与南遗。（昭公5·1）

㈧ 既成，以 e 授子木，礼也。（襄公25·11）

㈨ 衣食所安，弗敢专也，必以 e 分人。（庄公10·1）

㈩ 毋！以 e 与尔邻里乡党乎！（论语6·5）

㈤ 徒取诸彼以 e 与此，然且仁者不为，况于杀人以求之乎？（孟子12·8）

㈥ 小人有母，皆尝小人之食矣，未尝君之羹。请以 e 遗之。（隐公1·4）

㈦ 公说，执曹伯，分曹、卫之田以 e 畀宋人。（僖公28·3）

⑱ 印堇父与皇颉戍城麇，楚人囚之，以 e 献于秦。（襄公 26·6）

⑲ 初，辕颇为司徒，赋封田以 e 嫁公女；有馀，以为己大器。国人逐之，故出。（哀公 11·2）

⑳ 季公若之姊为小邾夫人，生宋元夫人，生子，以 e 妻季平子。（昭公 25·2）

㉑ 若以 e 假人，与人政也。（成公 2·2）

以上两类动词有一个共同特点，就是都可以带双宾语，其中，受事宾语可以受介词"以"支配，置于动词之前。以"语""赐"为例：

㉒ a. 公语之故，且告之悔。（隐公 1·4）
　　b. 大夫问故，公以晋诟语之。（定公 8·7）
㉓ a. 王嘉其有礼也，赐之大路。（襄公 24·11）
　　b. 尽以其宝赐左右而使行。（文公 16·5）

我们猜测例 ㉑、例 ㉒ 和例 ㉓ 中 a、b 3 种句式的演变方式可以表示如下：

a. （NP） + VP + NP_1 + NP_2 ⟶
b. （NP） + 以 + NP_2 + VP + NP_1 ⟶
c. （NP） + 以 + VP + NP_1

上式中箭头表示 a、b、c 3 式之间有衍生关系。在 b 式中，如果"以"支配的受事成分比较抽象或缺乏具体所指对象或已见于上下文，则"以"的支配成分可以省略，变成 c 式，如例 ㊻ ～ ㉑。

3）"以"和动词"为"经常联合在一起使用。对"以为"的性质和用法，历来有不同的看法。王力认为，上古汉语"以为"都是两个词的结合，"以"是介词，其后省略了宾语。①《马氏文通》认为，"以为"有两种用法：一做谓辞者，则"以为"二字必连用；一做以此为彼者，则"以为"二字可拆用。马氏所谓的"谓辞"是指有"认为"意义的动词。《马氏文通》对"以为"的分析大体上是准确的，下文以此为线索，做更细致的分析。

---

① 参见王力《汉语语法史》，见《王力文集》（第 11 卷），山东教育出版社 1990 年版。

结合上文的论述,下面根据"以为"所处的句法格式,分别进行分析:

第一,"代词(何、是、所)+以为……"(见第四章第二节"移位型省略"之"规则移位")。

第二,"NP(非有生,非施事)+以为……"(见第四章第二节"移位型省略"之"语用移位")。

以上两式中的"以为","以"和"为"是两个词,"以"为介词,其支配成分通过移位省略了。

第三,一般助动词或副词修饰"以为……",则"以"和"为"是两个词,"以"为介词。但"可以为""足以为""无以为"可以有两种理解,用层次分析法可以表示为:

⑭ a. 可(足)以│为   b. 可(足)│以为

⑮ a. 无│以│为   b. 无│以为

在例⑭中,按 a 分析,则"可(足)以"为单词,"以"为语素;按 b 分析,则"以"为介词,其后省略支配成分。例⑮按 a 分析,则"无"为动词,"以"为连词,"为"为动词;按 b 分析,则"无"为副词,"以"为介词。

第四,"VP+以为……",在这一格式里,VP 和"为"构成连动式,"以"为连词(见第四章第二节第一部分)。

第五,"NP(施事)+以为……",在这一格式里,要判断"以为"是马氏所谓的"谓辞",还是"以此为彼"(介词+动词),要根据动词"为"后宾语的性质。一般来说,如果充当"为"的宾语的是名词或名词性词组,则"以为"为词组。例如:

⑯ 夫人蚕缫,以 e 为衣服。(孟子6·3)

⑰ 古之为关也,将以御暴;今之为关也,将以 e 为暴。(孟子14·8)

⑱ 其娣戴妫,生桓公,庄姜以 e 为己子。(隐公3·7)

⑲ 来,以盾为才,固请于公,以 e 为嫡子,而使其三子下之。(僖公24·1)

如果"为"的宾语为动词或动词性短语，则"以为"为词，表示"认为"的意思。例如：

㊀ 邹人与楚人战，则王<u>以为</u>孰胜？（孟子1·7）
㊁ 今燕虐其民，王往而征之，民<u>以为</u>将拯己于水火之中也，箪食壶浆以迎王师。（孟子2·11）
㊂ 不知者<u>以为</u>为肉也，其知者<u>以为</u>为无礼也。（孟子12·6）
㊃ 君子信而后劳其民，未信则<u>以为</u>厉已也。（论语19·10）
㊄ 小人戚，谓之不免；君子恕，<u>以为</u>必归。（僖公15·8）
㊅ 公子安之。从者<u>以为</u>不可。（僖公23·6）
㊆ 君子<u>以为</u>失礼。礼无不顺。（文公2·5）
㊇ 齐侯<u>以为</u>有礼。既而问之，辟司徒之妻也。（成公2·3）

如果"为"的宾语为形容词，则"以为"可以分析为一个词，也可以分析为两个词，例如：

㊈ 如其道，则舜受尧之天下，不<u>以为</u>泰，子<u>以为</u>泰乎？（孟子6·4）
㊉ 君<u>以为</u>雄，谁敢不雄？（襄公21·8）
㊊ 公<u>以为</u>忠，故有宠。（襄公28·11）

以上标准是依据动词"为"的意义和用法确定的。动词"为"的意义尽管比较抽象，但它经常带名词性宾语，有时可以带形容词性宾语，很少带动词性宾语。① 表示"认为"意义的"以为"，属于感知动词，感知动词带动或形容词性宾语，古今汉语都是如此。由于动词"为"可以带形容词性宾语，表感知的"以为"也可以带形容词性宾语，故"以为"带形容词性宾语可以做两种分析。

---

① 参见李佐丰《文言实词》，语文出版社1994年版，第134～135页。

第三节　介词"与"支配成分的省略

一、移位型省略

和介词"以"支配成分的移位省略一样，介词"与"也可以分为规则移位和语用移位两种。

（一）规则移位

规则移位主要指代词充当"与"的支配成分的移位。下面分别举例说明。

1. "谁与"

"谁"加介词"与"在《论语》中出现2次，在《孟子》中出现4次，在《左传》出现7次。带"谁与"的句子可以分为3种句型。

（1）谁+与。（4次）

① 鸟兽不可与同群，吾非斯人之徒与，而谁与？（论语18·6）
② 子行三军，则谁与？（论语7·11）
③ 无众而后伐之，欲御我，谁与？（庄公27·5）
④ 三家未睦，可尽克也。克之，君将谁与？（定公13·2）

以上例子中的"与"，一般认为是动词，但也可以分析为介词。例①中的"与"为介词比较明显，"谁与"后承前省略了"同群"。例②中的"与"，杨伯峻《论语译注》注："动词，偕同的意思。"把"谁与"译为"找谁共事"，这是意译。若把"与"解为动词，这里很难直译。我们认为，"则谁与"中的"与"为介词，"谁与"就是"与谁"，介词结构后承前省略了动词"行"。例③中"谁与"后省略了动词"御"。例④"谁与"后据上文可以补上"伐"字。

（2）谁+与+VP。（7次）

⑤ 王谁与为不善？（孟子6·6）
⑥ 王谁与为善？（孟子6·6）

⑦ 如沈去，君谁与守？（孟子8·31）
⑧ 若适淫虐，楚将弃之，吾又谁与争？（昭公4·1）
⑨ 是我迋吾兄也。吾以国人出，君谁与处？（定公10·6）
⑩ 民将叛之，谁与居邑？（昭公13·1）
⑪ 无与同好，谁与同恶？（昭公13·2）

例⑤～⑨中"谁"都是介词"与"的支配成分，移位于介词之前。例⑩和例⑪可以做两种理解①。如例⑩可以理解为：

⑫ a. 民将叛之，谁与［南氏］居邑？
　　b. 民将叛之，［南氏］谁与居邑？

若按 a 句理解，则"与"后的支配成分为语境省；若按 b 句理解，则"谁"是移位于"与"之前的支配成分。我们认为按 b 句理解比较合理。

（3）谁 + 与 + NP + VP。（2次）

⑬ 彼陷溺其民，王往而征之，夫谁与王敌？（孟子1·5）
⑭ 失鲁而以千社为臣，谁与之立？（昭公25·6）

例⑬、例⑭中的"谁"为主语。《马氏文通》说："'与'司'谁''何'两代字，后所司者常也。"马氏对"谁与"的观察是正确的。"何与"的"与"做介词的用法在《论语》《孟子》和《左传》中未见。

2. "所与"

"所与"在《论语》中出现1次，在《孟子》中出现1次。

⑮ 揖所与 e 立，左右手。衣前后，襜如也。（论语10·3）
⑯ 其妻问其所与 e 饮食者，则尽富贵也。（孟子8·33）

---

① 参见王克仲《先秦虚词"与"字的调查报告》，见中国社会科学院语言研究所古代汉语研究室编《古汉语研究论文集》（三），北京出版社1984年版。

例 ⑮ 之"揖所与立"就是向和他站在一起的人作揖,"所"的作用是使后面的介词结构名词化,有时介词结构后还可以加"者",如例 ⑯ 。正因为"所"是名词化的标记,如果介词结构后加了"者",则"所"字可以不用。例如:

⑰ 良人出,则必餍酒肉而后反,问其与 e 饮食者,尽富贵也。(孟子 8·33)

3. "孰与"

"孰与"仅在《论语》中出现 2 次。

⑱ 百姓足,君孰与不足?百姓不足,君孰与足?(论语 12·9)

对例 ⑱ 的解释,有 3 种不同的说法。

第一,王引之《经传释词》:"又书传中言'孰与'者,皆谓何如也。《广雅》曰:'与,如也。'"这是把"孰与"解作一个词。如杨伯峻《论语译注》把前句译为:"如果百姓的用度够,您怎会不够?"

第二,《马氏文通》在解释这句话时说:"'孰'字,'与'之司词而先焉,犹云'君将与何人足用哉'。"把"孰"看成是"与"前移的支配成分。

第三,王克仲把"君孰与不足"分析为:①

⑲ 君孰与不足——→君与[百姓]孰不足

王克仲分析的思路是可取的,但结果不完全正确。我们把"君孰与不足"分析为:

⑳ 君孰与不足——→君孰与[百姓]不足

---

① 参见王克仲《先秦虚词"与"字的调查报告》,见中国社会科学院语言研究所古代汉语研究室编《古汉语研究论文集》(三),北京出版社 1984 年版。

例 ⑳ 和例 ⑲ 比起来，尽管只是介词结构的位置不同，但它能够更充分地解释"君孰与不足"这类句子的来源。表示比较的句式，先秦普遍用到的是：

㉑ A 与 B 孰 C，如"吾与徐公孰美？"（战国策·齐策）

也可以用：

㉒ A 孰与 BC，如"吾孰与城北徐公美？"（战国策·齐策）

而例 ㉒ 来源于例 ㉑，只是省略了例 ㉒ 中的 B，变成了例 ㉓：

㉓ A 孰与 [e] C

例 ㉓ 来源于例 ㉒，例 ㉒ 来源于例 ㉑。证实它们演变的过程不是本书的宗旨，就不详述了。

（二）语用移位

语用移位是指"与"支配的 NP，由原来的位置通过话题化移位于句首，充当句子的话题。其移位方式可以表示为：

a.（NP$_1$）+ 与 + NP$_2$ + VP → b. NP$_2$ +（NP$_1$）+ 与 + e + VP

NP$_1$ 为主语，NP$_2$ 在 a 中是介词"与"的支配成分，在 b 中移位于句首，做句子的话题。

㉔ 赐也，始可与 e 言《诗》已矣！告诸往而知来者。（论语 1·15）
㉕ 士志于道，而耻恶衣恶食者，未足与 e 议也。（论语 4·9）
㉖ 互乡难与 e 言，童子见，门人惑。（论语 7·29）
㉗ 鸟兽不可与 e 同群，吾非斯人之徒与 e 而谁与？（论语 18·6）
㉘ 不仁者，可与 e 言哉？（孟子 7·8）
㉙ 自暴者，不可与 e 有言也；自弃者，不可与 e 有为也。（孟子 7·10）

㉚ 庸人曰："楚不足与 e 战矣。"遂不设防。（文公 16·4）
㉛ 王曰："晋未可与 e 争。"（成公 3·4）
㉜ 君子之于天下也，无适也，无莫也，义之与 e 比。（论语 4·10）
㉝ 晋居深山，戎狄之与 e 邻，而远于王室，王灵不及，拜戎不暇，其何以献器？（昭公 15·6）

以上例中，画波浪线的部分在语义上是介词"与"所支配的成分，通过移位，在句首充当话题。其中，例 ㉚ 和例 ㉛ 要结合上下文理解。例 ㉚ 的意思是说"［庸人］不足与楚战"，而例 ㉛ 是说"［楚国］不可与晋国争"。关于例 ㉜ 和例 ㉝，《马氏文通》指出："'与'司名字而倒置者，必间'之'字。"

二、语境型省略

语境型省略和移位型省略的区分是，前者省略的成分出现在上下句或由语境确定，而后者省略成分就出现在被省略句子本身。例如：

① 堂堂乎张也，难与 e 并为仁矣。①（论语 19·16）
② 臧文仲其窃位者与？知柳下惠之贤而不与 e 立也。（论语 15·14）
③ 晋之伯也，迩于诸夏；而楚辟陋，故弗能与 e 争。（昭公 19·6）

有时"与"后省略的支配成分或支配成分的所指对象并不见于上下文，例如：

④ 可与 e 共学，未可与 e 适道；可与 e 适道，未可与 e 立；可与 e 立，未可 e 与权。（论语 9·30）
⑤ 问其与 e 饮食者，尽富贵也，而未尝有显者来。（孟子 8·33）
⑥ 可与 e 言，而不与之言，失人；不可与 e 言，而与之言，失言。（论语 15·8）

---

① 该句杨伯峻译为："子张的为人高不可攀了，难以携带别人一起进入仁德。"（参见《论语译注》，中华书局 1980 年版，第 202 页）按此理解，则"与"的支配成分为表示任指的别人。本书不取此说。

例④和例⑤"与"的支配成分不见于上下文。一般以为例⑥"与"的支配成分蒙后"之"字省，但其具体的所指对象是谁，并不明确。

从我们收集到的所有"与"支配成分省略的例证来看，它们有一个显著的特点，就是所在句子的谓语动词大多数是复指动词①。复指动词的特点是，它所表示的动作行为要求与两个和两个以上的参与者或相关者发生关系，如"言（谈论）""议""谋""处（相处）""邻（相邻）""争""战""盟"等。其次是一些表示运动的动词，如"立""往""入""乘"等。例如：

⑦ 下义其罪，上赏其奸；上下相蒙，难与处矣。（僖公24·1）
⑧ 三驾而楚不能与争。（襄公9·9）
⑨ 夏，公会齐侯伐莱，不与谋也。（宣公7·2）
⑩ 公宾庚、公甲叔子与战于夷，获叔子与析朱鉏，献于王。（哀公8·2）
⑪ 早起，施从良人之所之遍。国中无与立谈者。（孟子8·33）
⑫ 郑人闻有晋师，使告于楚，姚句耳与往。（成公16·5）
⑬ 自以为是，而不可与入尧舜之道，故曰"德之贼也"。（孟子14·37）
⑭ 公孟之不善，子所知也，勿与乘，吾将杀之。（昭公20·4）

"与盟"在《左传》中只出现7次：

⑮ 二十三年，春，齐侯伐宋，围缗，以讨其不与盟于齐也。（僖公23·1）
⑯ 盟于黄父，公不与盟。以赂免。（宣公7·4）
⑰ 既而齐人请邾，宋人请滕，皆不与盟。（襄公27·4）
⑱ 虽不与盟，敢叛晋乎？（襄公28·2）
⑲ 我不与盟，何为于晋？（襄公28·2）

---

① 关于"复指动词"的定义，可参见李临定《现代汉语动词》（中国社会科学出版社1990年版，第78页）。

有的把"与盟"中的"与"解为动词，根据上下文，我们认为"与盟"中的"与"大多数应该解为介词。在《左传》中有很多"与……盟"的例子。例如：

⑳ 宋公辞平，故与郑伯盟于武父，遂帅师而伐宋，战焉，宋无信也。（桓公12·2）
㉑ 与之盟而赦之。（庄公14·2）
㉒ 子反惧，与之盟，而告王。（宣公15·2）
㉓ 与之盟，为请于伯姬。（哀公15·5）

这一特点不仅适合语境型省略，也适合移位型省略。表4-5总结了"与"支配成分省略的情况①：

表4-5 "与"支配成分省略的情况

书名	"与"出现次数（次）	介词次数（次）	支配成分省略次数（次）			
			规则移位	语用移位	语境省略	小计
《论语》	140	55	2	7	15	24
《孟子》	233	103	3	4	13	20
《左传》	847	472	6	3	36	45
总计	1220	630	11	14	64	89

据表4-5，《论语》中"与"支配成分的省略次数约占所有介词"与"充当介词次数的44%，《孟子》中约占20%，《左传》略占10%。其差别可以用这3部书文体风格的差异来解释。《论语》和《孟子》均为对话语体，但前者以记言为主，具有浓郁的口语色彩，后者尽管为会话语体，但记事的意味比较浓；而《左传》是编年体历史著作，以记事为主。因而"与"的支配成分是否省略主要与语言的口语化程度及文本是记言还是记事相关。由此可以得出结论："与"支配成分的省略主要受语篇或语用因素的制约。

---

① 表4-5中"与"的出现次数和充当介词用法次数的统计参见王克仲《先秦虚词"与"字的调查报告》[《古汉语研究论文集》（三），北京出版社1984年版]。

第四节 介词"为"支配成分的省略

一、移位型省略

（1）介词"为"支配的成分若为疑问代词"何""奚"或反身代词"己"，则"何""奚""己"均移位于介词"为"之前。

1）何为。

"何为"在《左传》中出现 33 次，在《孟子》中出现 16 次，在《论语》中出现 6 次。据何乐士研究，《左传》中"何为"的"为"全部用作动词，其基本含义为"干什么"，大多数表示反问。① 例如：

① 何为而可？（僖公 15·4）
② 弃人用犬，虽猛何为！（宣公 2·3）
③ 且事晋何为？晋必恤之。（成公 18·5）
④ 火如象之，不火何为？（昭公 6·3）
⑤ 存亡有命，事楚何为？多取费焉。（定公 15·2）

上例中"何为"在用法上有两个特点：一是不直接联系谓语，二是大多位于句末。《孟子》中"何为"的用法不同于《左传》，其中的"为"均为介词，因为从"何为"在句中的分布看，它们多用于主语和谓语之间，紧挨谓语。例如：

⑥ 王如善之，则何为不行？（孟子 2·5）
⑦ 当在宋也，予将有远行；行者必以赆，辞曰"馈赆"，予何为不受？（孟子 4·3）
⑧ 得之为有财，古之人皆用之，吾何为独不然？（孟子 4·7）
⑨ 吾何为不豫哉？（孟子 4·13）
⑩ 何为纷纷然与百工交易？（孟子 5·4）
⑪ 夫子何为不执弓？（孟子 8·24）

---

① 参见何乐士《〈左传〉虚词研究》，商务印书馆 1989 年版。

⑫ 然则曾子何为食脍炙而不食羊枣？（孟子14·37）

⑬ 行何为踽踽凉凉？生斯世也，为斯世也，善斯可矣。（孟子14·37）

《论语》中"何为"出现6次，其中有3次"为"做介词，3次做动词。例如：

⑭ 何为其然也？（论语6·26）

⑮ 丘何为是栖栖者与？（论语14·32）

⑯ 何为其莫知子也？（论语14·35）

⑰ 夫何为哉？恭己正南面而已矣。（论语15·5）

⑱ 何为则民服？（论语2·19）

⑲ 夫子何为？（论语14·25）

例⑭～⑯中"为"为介词，例⑰～⑲中"为"为动词。

以上3部书中"何为"的用法反映了"为"由动词向介词演化的痕迹。同时也为判断以上3部书时代的先后提供了证据。

2）奚为。

"奚为"和"何为"表示的意义大致相当，表示"为什么"的意义。在《左传》中未见，在《孟子》中出现6次，其中"为"均为介词。例如：

⑳ 东面而征，西夷怨；南面而征，北狄怨。曰：奚为后我？（孟子2·11）

㉑ 君奚为不见孟轲也？（孟子2·16）

㉒ 许子奚为不自织？（孟子5·4）

㉓ 曰："奚为后我？"（孟子6·5）

㉔ 然则奚为喜而不寐。（孟子12·13）

㉕ 南面而征北夷怨，东面而征西夷怨，曰："奚为后我？"（孟子14·4）

《论语》中"奚为"连用1次，其中"为"为动词。例如：

㉖ 由之瑟，奚为于丘之门？（论语11·15）

例㉖中"奚"为疑问副词,"为"做动词,表示"演奏"的意思。

3)自为。

"自为"在《左传》中出现9次,其中"为"做介词5次;在《孟子》中出现4次,其中"为"做介词2次;在《论语》中未见。例如:

㉗ 善<u>自为</u>谋。(桓公6·4)
㉘ 及鄢陵,登城见之,美,<u>自为</u>娶之。(文公7·7)
㉙ 秋,九月,齐高固来逆女,<u>自为</u>也。(宣公5·3)
㉚ 其<u>自为</u>谋也则过矣,其为吾先君谋也则忠。(成公2·6)
㉛ 再拜受龟,使为以纳请,遂<u>自为</u>也。(襄公23·5)
㉜ 先名实者,为人也;后名实者,<u>自为</u>也。(孟子12·6)
㉝ 所以为蚔鼃,则善矣;所以<u>自为</u>,则吾不知也。(孟子4·5)

(2)有时,为了强调介词"为"所支配的名词性成分,可以把该名词性成分移位于介词之前,移位的名词性成分和介词之间用"之""是"连接。在《论语》中出现2次,在《左传》中出现4次。例如:

㉞ 有恸乎?非<u>夫人</u>之为恸而谁为!(论语11·10)
㉟ 寡人之使吾子处此,不唯<u>许国</u>之为,亦聊以固吾圉也。(隐公11·3)
㊱ 我<u>楚国</u>之为,岂为一人?行也!(襄公28·12)
㊲ 我<u>一人</u>之为,非为楚也。(襄公28·12)
㊳ 岂<u>不谷</u>是为?先君之好是继,与不谷同好如何?(僖公4·1)

二、语境型省略

介词"为"所支配成分因语境因素而省略的频率大大低于介词"以""与"支配成分的省略。在《论语》中出现2次,在《孟子》中出现2次,在《左传》中出现29次。先看《论语》和《孟子》中的例子:

① 是亦为政,奚其为 e 为政?(论语2·21)

② 不患莫己知，求为 e 可知也。（论语 4·14）
③ 且一人之身，而百工之所为 e 备。（孟子 5·4）
④ 礼，为旧君有服。何如斯可为 e 服矣？（孟子 8·3）

例①前一个"为"为介词，后一个"为"为动词，介词"为"后省略了"当官"，杨伯峻译为"为什么定要做官才算参与政治"。例②"为"表示被动，其后省略泛指对象"别人"。例③后面承前省略了"一人"，例④"为"后省略了"君"。

《左传》省略 29 次，从意义上看，省略的对象可以分为两类：一类是省略施事，有 15 例；另一类是省略与事，有 17 例。例如：

⑤ 得臣将死，二臣止之曰："君其将以为 e 戮。"（僖公 28·4）
⑥ 失礼违命，宜其为 e 禽也。（宣公 2·1）
⑦ 城小而固，胜之不武，弗胜为 e 笑。（襄公 10·2）
⑧ 叔孙与庆封食，不敬。为 e 赋《相鼠》，亦不知也。（襄公 27·2）
⑨ 郑人取货于印氏以请之，子大叔为令正，以为 e 请。（襄公 26·6）
⑩ 今越围吴，嗣子不废旧业而敌之，非晋之所能及也，吾是以为 e 降。（哀公 20·3）
⑪ 卫献公使子鲜为 e 复，辞。敬姒强命之。（襄公 26·2）

前 3 例"为"后省略了施事者，后 4 例省略了与事者。

第五章 对话结构中的省略

第一节 对话结构

记叙性文体大致可以分为记言和叙事两种情形，对话是记言中的一种。① 从省略出现的言语环境看，对话中的省略有它自己的特点，因而一般谈到省略的分类时，多把对话中的省略单独列为一类。《论语》和《孟子》是先秦语录体散文的代表之作，里面有大量的人物对话。可以说，它们就是通过对话分别表现孔子和孟子的思想及政治观点的。《左传》尽管是一部编年体历史著作，以记事为主，但它记叙人物的语言也极为精彩、传神。这些对话具有高度口语化色彩，能够比较真实地反映当时语言运用方面的特点。在这一节我们以《论语》和《孟子》为主、以《左传》为辅考察古汉语中对话结构的省略情况。

一、对话结构的构成

所谓对话结构，是指由各种要素构成的一个完整对话。一个对话结构包括对话参与者、对话标记及至少一个话对。对话参与者（简称"参与者"）指参与对话的人，一个对话至少要求两个或两个以上的参与者。《论语》和《孟子》中的对话参与者多为两个，而《左传》中的对话参与者有相当部分为两个以上。

对话标记指"曰""问""谓""言""语""告""对曰""辞"等表示言说的动词。② 其中，"曰"最常见且运用最广，既可以用于问句，也可以用于答句，其他对话标记有的专用于问，有的专用于答。用于问的对话标记主要有下面一些形式：

---

① 关于记言式及其结构分析，参见郑远汉《记言式及其结构分析》（《中国语文》1983年第2期）。

② 以上言说动词除了做对话标记用法外，还有其他用法。

第一类，由"问"及"问"和其他言说动词组成的复合对话标记，包括"问""问于……""问于……曰""问……曰""问……""问……于……曰"（不见于《孟子》）、"问曰"（不见于《左传》）等。

第二类，由"谓"及"谓"和其他言说动词组成的复合对话标记，包括"谓……""谓……曰"等。

第三类，由"语"及"语"和其他言说动词组成的复合对话标记，包括"语……曰""语诸……曰""以语……""语……，且曰"等。

第四类，由"告"及"告"和其他言说动词组成的复合对话标记，包括"告于……曰""告……曰""告……""以告……""告曰"等。

第五类，由"言"及"言"和其他言说动词组成的复合对话标记，包括"言于（诸）……曰""言曰"等。

其中，第三、第四、第五类主要见于《左传》。在先秦汉语中用于答句的对话标记除了"曰"外，常用的就是"对曰"。《左传》中还用"辞"或"辞曰"表示应答。

一个话对指对话参与者在相同的场所、围绕相关话题相互问答的一个回合，相互问答两个回合就为两个话对，相互问答3个回合就为3个话对，依次类推。有时对话并不表现为问和答的形式，而是参与者对同一件事发表不同的看法，因而不以话对的形式出现。下面以《论语》和《左传》的两则对话说明上文提出的一些概念。

① 子张问于孔子曰："何如斯可以从政矣？"

子曰："尊五美，屏四恶，斯可以从政矣。"

子张曰："何谓五美？"

子曰："君子惠而不费，劳而不怨，欲而不贪，泰而不骄，威而不猛。"

子张曰："何谓惠而不费？"

子曰："因民之所利而利之，斯不亦惠而不费乎！择可劳而劳之，又谁怨？欲仁而得仁，又焉贪？君子无众寡，无大小，无敢慢，斯不亦泰而不骄乎！君子正其衣冠，尊其瞻视，俨然人望而畏之，斯不亦威而不猛乎！"

子张曰："何谓四恶？"

子曰："不教而杀谓之虐；不戒视成谓之暴；慢令致期谓之贼；犹

之与人也,出纳之吝,谓之有司。"

（论语 20·2）

② 庆郑曰:"背施无亲,幸灾不仁,贪爱不祥,怒邻不义。四德皆失,何以守国?"

虢射曰:"皮之不存,毛将安傅?"

庆郑曰:"弃信背邻,患孰恤之?无信患作,失援必毙。是则然矣。"

虢射曰:"无损于怨,而厚于寇,不如勿与。"

庆郑曰:"背施幸灾,民所弃也。近犹雠之,况怨敌乎?"

（僖公 14·4）

以上对话 ① 包括两个参与者"子张"和"(孔)子",对话标记为"曰",共有 4 个话对。对话 ② 是晋国的大夫庆郑和虢射就秦国发生饥荒,派人到晋国购买粮食而晋国人不同意这件事发表的不同看法,因而没有以严格的话对形式出现。

二、对话结构的复杂性

事实上,古汉语中的对话从结构上看并不都如例 ① 这样整齐划一、清晰明了,它们往往是相当复杂的。其复杂性主要表现在 4 个方面。

第一,一个对话的话对里面问句和答句并不总是连在一起,有时候可以被其他成分隔开。据此,我们把话对分为连续话对和间隔话对。连续话对指问句和答句连在一起的话对,间隔话对指问句和答句之间被其他成分中断和间隔的话对。前者如例 ①,后者如:

③ 子入太庙,每事问。
或曰:"孰谓鄹人之子知礼乎?入太庙,每事问。"
子闻之,曰:"是礼也。"

（论语 3·15）

例 ③ 中话对的问和答被"子闻之"隔开,那么就是间隔话对。

第二,有些对话里的话对不是直接的,而是间接的。例如:

④ 子游问孝。
子曰:"今之孝者,是谓能养。至于犬马,皆能有养。不敬,何以别乎?"

(论语 2·7)

像例 ④ 这样的话对,问句为间接引语,而答句为直接引语,我们称之为"间接话对"。间接话对常用的对话标记有"问……""以语……""告……""以告……"等。间接话对和间隔话对往往是联系在一起的。例如:

⑤ 子雅、子尾怒。庆封告卢蒲嫳。
卢蒲嫳曰:"譬之如禽兽,吾寝处之矣。"
使析归父告晏平仲。
平仲曰:"婴之众不足用也,知无能谋也。言弗敢出,有盟可也。"
子家曰:"子之言云,又焉用盟?"
告北郭子车。
子车曰:"人各有以事君,非佐之所能也。"

(襄公 28·9)

第三,有时候,从对话标记上看,好像是不同参与者参与的对话,其实是一个参与者的独白,我们把这样的话对称为"假话对"。例如:

⑥ 阳货欲见孔子,孔子不见,归孔子豚。孔子时其亡也,而往拜之,遇诸涂。
谓孔子曰:"来!予与尔言。"
曰:"怀其宝而迷其邦,可谓仁乎?"
曰:"不可。好从事而亟失时,可谓知乎?"
曰:"不可。日月逝矣,岁不我与。"
孔子曰:"诺。吾将仕矣。"

(论语 17·1)

⑦ 子路曰:"桓公杀公子纠,召忽死之,管仲不死。"
曰:"未仁乎?"

子曰:"桓公九合诸侯,不以兵车,管仲之力也。如其仁!如其仁!"

（论语 14·16）

⑧ 胜谓石乞曰:"王与二卿士,皆五百人当之,则可矣。"

乞曰:"不可得也。"

曰:"市南有熊宜僚者,若得之,可以当五百人矣。"

（哀公 16·5）

⑨ 孟子曰:"无或乎王之不智也。……为是其智弗若与?"

曰:"非然也。"

（孟子 11·9）

例 ⑥ "谓孔子曰"后面的 3 个"曰"并非对话标记,都是阳货的自问自答。例 ⑦ "子路曰"之后的"曰"也不是对话标记,而是子路说的话。例 ⑧ "乞曰"之后的"曰"是石乞说的话。例 ⑨ "孟子曰"之后的"曰"为孟子的自问自答。俞樾把这一现象概括为"一人之辞加'曰'字例"①。

第四,作为对话结构的参与者和对话标记经常可以省略。例如:

⑩ 齐宣王问曰:"文王之囿,方七十里,有诸?"

孟子对曰:"于传有之。"

曰:"若是其大乎?"

曰:"民犹以为小也。"

曰:"寡人之囿,方四十里,民犹以为大,何也?"

曰:"文王之囿方七十里,刍荛者往焉,雉兔者往焉。与民同之。民以为小,不亦宜乎!……"

（孟子 2·2）

⑪ 告子曰:"生之谓性。"

孟子曰:"生之谓性也,犹白之谓白与?"

曰:"然。"

---

① 参见杨树达等著《古书疑义举例五种》,中华书局 1956 年版,第 28～30 页。俞氏所谓"一人之辞加'曰'字例"中的"曰"尽管不是对话标记,但它具有一定的修辞作用,用来表示同一个人说话过程中语气的停顿和话题的转移。

"白羽之白也，犹白雪之白，白雪之白，犹白玉之白欤？"

曰："然。"

"然则犬之性犹牛之性，牛之性犹人之性欤？"

（孟子 11·3）

例 ⑩ 中除第一话对的参与者没有省略外，后面话对中的参与者均省略了。例 ⑪ 中不仅省略了对话参与者，连对话标记"曰"也省掉了。

对话结构中参与者和对话标记省略是为了使行文简洁，但对后来阅读古书的人来说，又带来了诸多不便，因而一直受到研究者的重视，如俞樾把对话标记的省略归纳为"两人之辞而省'曰'字例"。我们打算借助上面提到的对话结构的有关概念，联系对话内容在语言形式方面的特点，对《论语》《孟子》和《左传》对话参与者、对话标记和话对中成分省略的倾向性进行探讨。

第二节 对话参与者的省略

正如上文所述，对话参与者指参加对话的人。据我们考察，《论语》和《孟子》中对话的参与者多为两人，《左传》如果从完整的篇章角度看，其对话参与者多为两人以上。如果有两个以上的参与者，则话对多为间隔话对。对话参与者的省略和下列因素有关。

一、对话中话对的多少

如果一个对话只由一个话对组成，则参与者很少省略，如果省略，也只能省略回答者，且受表示问方对话标记的制约；若表示问方的对话标记中已包含了回答者，如"问于……曰""告于……曰"等，则可以省略回答者。若一个对话由多个话对构成，除第一个话对以外，其余话对的参与者倾向于省略，如第五章第一节例 ⑩ 。再如：

① 彭更问曰："后车数十乘，从者数百人，以传食于诸侯，不以泰乎？"

孟子曰："非其道，则一箪食不可受于人。如其道，则舜受尧之天下，不以为泰，子以为泰乎？"

[　]曰："否。士无事而食，不可也。"
　　[　]曰："子不通功易事，以羡补不足，则农有余粟，女有余布。……"
　　[　]曰："梓匠轮舆，其志将以求食也。君子之为道也，其志亦将以求食与？"
　　[　]曰："子何以其志为哉？其有功于子，可食而食之矣。且子食志乎？食功乎？"
　　[　]曰："食志。"
　　[　]曰："有人于此，毁瓦画墁，其志将以求食也，则子食之乎？"
　　[　]曰："否。"
　　[　]曰："然则子非食志也，食功也。"

（孟子6·4）

② 季康子问："仲由可使从政也与？"
　　子曰："由也果，于从政乎何有？"
　　[　]曰："赐也可使从政也与？"
　　[　]曰："赐也达，于从政乎何有？"
　　[　]曰："求也可使从政也与？"
　　[　]曰："求也艺，于从政乎何有？"

（论语6·8）

这一类对话参与者省略的特点是隔句省略的参与者都相同。这在先秦时期是比较常见的。

二、话对的连续和间隔

对话中连续话对与间隔话对相比，连续话对的参与者倾向于省略，如例①、例②都是连续话对。在间隔话对中，由于问和答之间被其他成分隔开，如果省略参与者，有时会损害对话的连贯性，影响对参与者的准确判断。如第五章第一节例④及下面例③、例④：

③ 墨者夷之因徐辟而求见孟子。
　　孟子曰："吾固愿见，今吾尚病，病愈，我且往见，夷子不来。"
　　他日，又求见孟子。

孟子曰：……
徐子以告夷子。
夷子曰：……
徐子以告孟子。
孟子曰：……
徐子以告夷子。
夷子怃然为间曰：……

（孟子 5·5）

④ 蘧伯玉使人于孔子。孔子与之坐而问焉。
曰："夫子何为？"
对曰："夫子欲寡其过而未能也。"
使者出。
子曰："使乎！使乎！"

（论语 14·25）

例 ③ 尽管由多个话对组成，但都是间隔话对，故其对话参与者都没有省略。例 ④ 既有连续话对又有间隔话对，连续话对的参与者均省略，而间隔话对的参与者保留。试想，如果把例 ④ 最后一句中"子曰"的"子"省掉，显然人们就会认为后面的话为使者所说。

三、对话参与者的多少

对话参与者的省略还和参与者的多少有关。一般两人参与的对话，其参与者倾向于省略，若参与者超过两人，则参与者不能省略。《孟子》和《论语》中的对话多在两人之间进行，若有两个以上的参与者，多表现为间隔话对，因而受上述第二条原则的限制。即使为连续话对，参与者也往往保留。例如：

⑤ 子路问："闻斯行诸？"
子曰："有父兄在，如之何其闻斯行之？"
冉有问："闻斯行诸？"
子曰："闻斯行之！"
公西华曰："由也问：'闻斯行诸？'子曰：'有父兄在。'求也问：

'闻斯行诸?'子曰:'闻斯行之!'赤也惑,敢问。"

子曰:"求也退,故进之;由也兼人,故退之。"

（论语11·22）

四、对话参与者的交错省略

有时,一个对话中的参与者,要么省略"问"的一方,要么省略"答"的一方,形成交错省略的格局。这一方面与作者对"问"和"答"的强调态度有关,另一方面与对话参与者的身份和地位有关。另外,这种交错省略使问、答一目了然,衔接紧密,行文简洁。例如:

⑥ 齐宣王问卿。

孟子曰:"王何卿之问也?"

王曰:"卿不同乎?"

[　]曰:"不同,有贵戚之卿,有异姓之卿。"

王曰:"请问贵戚之卿。"

[　]曰:"君有大过则谏,反覆之而不听,则易位。"

王勃然变乎色。

[　]曰:"王勿异也。王问臣,臣不敢不以正对。"

王色定,然后请问异姓之卿。

[　]曰:"君有过则谏,反覆之而不听,则去。"

（孟子10·9）

⑦ 孟武伯问:"子路仁乎?"

子曰:"不知也。"

又问。

子曰:"由也,千乘之国,可使治其赋也。不知其仁也。"

[　]"求也何如?"

子曰:"求也,千室之邑,百乘之家,可使为之宰也。不知其仁也。"

[　]"赤也何如?"

子曰:"赤也,束带立于朝,可使与宾客言也。不知其仁也。"

（论语5·8）

⑧ 后子见赵孟。

赵孟曰:"吾子其曷归?"

对曰："铖惧选于寡君，是以在此，将待嗣君。"

赵孟曰："秦君何如？"

对曰："无道。"

赵孟曰："亡乎？"

对曰："何为？一世无道，国未艾也。国于天地，有与立焉。不数世淫，弗能毙也。"

赵孟曰："天乎？"

对曰："有焉。"

赵孟曰："其几何？"

对曰："铖闻之，国无道而年谷和熟，天赞之也。鲜不五稔。"

（昭公1·8）

例⑥和例⑦是问句参与者的省略，例⑧是答句参与者的省略。据我们观察，像这种交差省略对话参与者的方式，一般以省略答者为主，尤其是当对话标记为"对曰"的时候。据统计，《论语》用"对曰"36次，省参与者13次；《孟子》用"对曰"30次，省参与者10次；《左传》用"对曰"345次，省参与者291次。

第三节 对话标记的省略

对话标记的省略是在对话参与者省略的基础上，进一步省略"曰""对曰"等表示言说的动词。我们考察了《论语》和《孟子》中所有的对话，其中，《论语》对话标记省略13条，《孟子》43条，共计56条。相较于对话参与者的省略，其数量是相当少的。对话参与者的省略具有相当的任意性，因为它毕竟有上下文语境可供参照，在阅读过程中，只要仔细，一般不会弄错。而对话标记如果任意省略，就会对文意的理解造成障碍，所以历来研究者对此现象都很重视，如俞樾就提出"两人之辞省'曰'字例"之省略条例。因此，对话标记省略除了受上述对话参与者省略的条件限制以外，还更多地受对话的语言特点和对话内容两方面的制约。

一、对话标记省略的形式

在先秦汉语中，对话标记的省略绝大多数以简短的问句的形式出现。同时，对话标记的省略在对话里一般是交叉出现或偶尔出现，不像对话参与者的省略，经常在一个对话里连续出现。① 例如：

① ［　］［　］"求，尔何如？"
［　］对曰："方六七十，如五六十，求也为之，比及三年，可使足民；如其礼乐，以俟君子。"
［　］［　］"赤，尔何如？"
［　］对曰："非曰能之，愿学焉！宗庙之事，如会同，端章甫，愿为小相焉。"
［　］［　］"点，尔何如？"
鼓瑟希，铿尔，舍瑟而作。
［　］对曰："异乎三子者之撰！"

（论语 11·26）

② 孟季子问公都子曰："何以谓义内也？"
［　］曰："行吾敬，故谓之内也。"
［　］［　］"乡人长于伯兄一岁，则谁敬？"
［　］曰："敬兄。"
［　］［　］"酌则谁先？"
［　］曰："先酌乡人。"
［　］［　］"所敬在此，所长在彼，果在外，非由内也。"
公都子不能答，以告孟子。

（孟子 11·5）

③ 楚子登巢车，以望晋军。子重使大宰伯州犁侍于王后。
王曰："骋而左右，何也？"
［　］曰："召军吏也。"
［　］［　］"皆聚于中军矣。"

---

① 《论语》和《孟子》中对话标记在对话中连续省略的情况非常少见，只在《论语》中见到一例：
"唯求则非邦也与？"
"安见方六七十，如五六十，而非邦也者？"
"唯赤则非邦也与？"
"宗庙会同，非诸侯而何？赤也为之小，孰能为之大？"（论语·先进）

[　]曰:"合谋也。"
[　][　]"张幕矣。"
[　]曰:"虔卜于先君也。"
[　][　]"彻幕矣。"
[　]曰:"将发命也。"
[　][　]"甚嚣,且尘上矣。"
[　]曰:"将塞井夷灶而为行也。"
[　][　]"皆乘矣,左右执兵而下矣。"
[　]曰:"听誓也。"
[　][　]"战乎?"
[　]曰:"未可知也。"
[　][　]"乘而左右皆下矣。"
[　]曰:"战祷也。"

(成公16·5)

二、对话标记省略的制约因素

(1) 话对中对话标记的省略不是任意的,它受对话里话对和话对结构对称性的制约。所谓结构对称性是指对话里相邻话对的问句和答句在语言结构上大致相似,而且互相对应,如本节第一部分中例①。再如:

① 梁惠王曰:"寡人愿安承教。"
a. 孟子对曰:"杀人以梃与刃,有以异乎?"
b. [　]曰:"无以异也。"
c. [　][　]"以刃与政,有以异乎?"
d. [　]曰:"无以异也。"

(孟子1·4)

在这段对话里,a和b组成一个问答对,c和d组成一个问答对。其中,a和c、b和d分别在结构上既相似又对称。尽管c省略了参与者和对话标记,但人们能够根据话对结构上的对称性推断出它的参与者和对话标记。有时这种结构的对称性不仅表现在话对与话对之间,还表现在话段与话段之间。例如:

② a. 子张问曰:"令尹子文三仕为令尹,无喜色;三已之,无愠色。旧令尹之政,必以告新令尹。何如?"
b. 子曰:"忠矣。"
c. 曰:"仁矣乎?"
d. 曰:"未知,焉得仁?"
e. [　][　]"崔子弑齐君,陈文子有马十乘,弃而违之。至于他邦,则曰:'犹吾大夫崔子也。'违之。之一邦,则又曰:'犹吾大夫崔子也。'违之。何如?"
f. [　]子曰:"清矣。"
g. [　]曰:"仁矣乎?"
h. [　]曰:"未知,焉得仁?"

(论语 5·19)

例②a~d为一个对话段,e~h为一个对话段。两个对话段里,a和e、b和f、c和g、d和h分别对应,从而使对话中两个话段形成对称关系。受对称关系的制约,e的对话标记的省略才不会产生理解上的障碍。

(2) 对话标记的省略不仅受话对结构对称性的制约,而且还要求对话里相邻话对的衔接具有连贯性。这种衔接的连贯性可以从两方面看。

第一,在对话中,一个人的谈话内容本来在语义上比较连贯,但中途被另外一人的答话或问话所打断,当前者再继续说下去时,则可以省略对话标记。例如:

③ 宰我问:"三年之丧,期已久矣。君子三年不为礼,礼必坏;三年不为乐,乐必崩。旧谷既没,新谷既升,钻燧改火,期可已矣。"
子曰:"食夫稻,衣夫锦,于女安乎?"
[宰我]曰:"安。"
[　][　]"女安则为之!夫君子之居丧,食旨不甘,闻乐不乐,居处不安,故不为也。今女安,则为之!"

(论语 17·21)

④ [孟子]曰:"有复于王者曰:'吾力足以举百钧',而不足以举一羽;'明足以察秋毫之末',而不见舆薪。则王许之乎?"
[梁惠王]曰:"否。"

[　][　]"今恩足以及禽兽，而功不至于百姓者，独何与？然则一羽之不举，为不用力焉；舆薪之不见，为不用明焉；百姓之不见保，为不用恩焉。故王之不王，不为也，非不能也。"

(孟子1·7)

例③中孔子的问话"于女安乎"和例④中孟子的问话"则王许之乎"似都用的是反诘语气，反诘语气不要求回答，因而"宰我"和"梁惠王"的回答在语义上是可有可无的。如果把它们删掉，则孔子和孟子的话在语义上仍然是连贯的。在这种情况下，可以省略对话标记。可以仿照俞樾归纳的"一人之辞加'曰'字例"，把我们这里所说的省略称为"一人之辞省'曰'字例"，前者是为了表示说话人话题的转移，后者表示说话人对同一话题的继续。

　　第二，在对话中，如果一个对话者就另外一个对话者所说的内容提出疑问，并且双方谈话的内容表现出极强的衔接性，则提问者的问话可以省略对话标记。例如：

⑤ a. 万章曰："尧以天下与舜，有诸？"
b. 孟子曰："否，天子不能以天下与人。"
c. "然则舜有天下也，孰与之？"
d. 曰："天与之。"
e. "天与之者，谆谆然命之乎？"
f. 曰："否，天不言，以行与事示之而已矣。"
g. 曰："以行与事示之者，如之何？"

(孟子9·5)

例⑤c句中的"然则"是"如此、那么"的意思，具有承上的作用。e句的句首部分和d句相同，问和答之间具有极强的衔接性。这类衔接性的问话除了"然则"句外，经常用的还有"敢问"句、"何谓"句等。下面是《论语》和《孟子》对话中省略对话标记的"然则"句、"敢问"句、"何谓"句：

⑥ 然则管仲知礼乎？（论语3·22）

然则舜不禁与？（孟子 13·35）
然则舜如之何？（孟子 13·35）
然则奚为喜而不寐。（孟子 12·13）
然则舜有天下也，孰与之？（孟子 9·2）
然则圣人且有过与？（孟子 4·9）
然则有同与？（孟子 3·2）
敢问夫子恶乎长？（孟子 3·2）
敢问何谓浩然之气？（孟子 3·2）
敢问何如斯可谓狂矣？（孟子 14·2）
敢问"或曰放"者何谓也？（孟子 9·3）
何以谓之狂也？（孟子 11·37）
何谓善？何谓信？（孟子 14·25）
何谓知言？（孟子 3·2）

其中，"敢问""何谓"后面的内容都直接和上句发生关系，也就是说，都是紧接上句内容的提问，所以作为对话中的提问出现，可以省略对话标记。《左传》与《论语》《孟子》比较而言，很少用"然则"句、"敢问"句、"何谓"句，这显示了它们在文体和语言方面的不同特点。

第四节 话对中答句成分的省略

对话的典型格式是交际双方以问答方式轮流展开，问答一个回合为一个话对。由于对话一般是面对面进行的，因而话对中表示"你""我"的人称代词一般省略。这种受对话现场语境制约的省略现象本书不予讨论。这里只讨论受问句支配的答句成分的省略，因为与问句相比，答句除了具备对话的基本语境外，还多了问句所提供的言语环境，因此，它的省略比问句中出现得更频繁。根据问句的特点，可以把答句中成分省略分为3种情形。

一、间接话对中答句成分的省略

古汉语中间接话对一般以"问……"的形式出现，带"问"字的间接话对（见第五章第一节第二部分）主要见于《论语》,《孟子》和《左传》

只是偶尔出现。其格式有两种。

（1）$NP_人 + 问 + NP_事$。例如：

① 孟懿子问孝。（论语2·5）
子贡问君子。（论语2·13）
颜渊问为邦。（论语15·11）
子张问善人之道。（论语11·20）
仲弓问子桑伯子。（论语6·2）
滕文公问为国。（孟子5·3）
齐宣王问卿。（孟子10·9）

（2）$NP_人 + 问 + NP_事 + 于 + NP_人$。例如：

② 子张问仁于孔子。（论语17·6）
哀公问社于宰我。（论语3·21）
子夏之门人问交于子张。（论语19·3）

（1）、（2）两式中，"问"后的 NP 表示询问的内容，并不表示询问的对象。先秦表示询问对象的"问"字句一般要在"问"后加上介词"于"。如例①中的"仲弓问子桑伯子"，并不表示仲弓向子桑伯子询问什么事，而是说仲弓询问子桑伯子这个人怎么样。《孟子》和《左传》中有少数（1）式"问"后的人名表示询问的对象①。（1）式在《论语》中有37例，在《孟子》中有4例，在《左传》中约有15例。（2）式在《论语》中有8例，在《左传》中约有14例，在《孟子》中没有。

在（1）、（2）两式中，如果询问的内容为事物、人物的属性，则答句中往往蒙问句省略主语或其他成分。例如：

③ 或问子产。
子曰："惠人也。"

---

① 关于"问"的用法，详见唐启运《古代汉语"问"字句的演变和用不用"于以"的关系》[《华南师范大学学报》（社会科学版）1990年第1期]。

问子西。

曰:"彼哉!彼哉!"

问管仲。

曰:"人也。夺伯氏骈邑三百,饭疏食,没齿无怨言。"

(论语 14·9)

④ 子张问政。

子曰:"居之无倦,行之以忠。"

(论语 12·14)

⑤ 樊迟问仁。

子曰:"爱人。"

问知。

子曰:"知人。"

(论语 12·22)

⑥ 王色定,然后请问异姓之卿。

曰:"君有过则谏,反覆之而不听,则去。"

(孟子 10·9)

⑦ 姜氏问繇。

曰:"兆如山陵,有夫出征,而丧其雄。"

(襄公 10·5)

我们之所以认为以上各例答句中省略了某些成分,是因为可以根据下面例子为它们补出被省略的成分,如例 ③ 的答句可以分别补出"子产""子西""管仲",例 ④ 的答句可以补出"政者"或"所谓政"。例 ⑦ 中"繇"为"繇辞"的意思,答句中省略了"繇辞上说(有)"等。

⑧ 子游问孝。

子曰:"今之孝者,是谓能养。至于犬马,皆能有养,不敬,何以别乎?"

(论语 2·7)

⑨ 樊迟问知。

子曰:"务民之义,敬鬼神而远之,可谓知矣。"

问仁。

曰:"仁者先难而后获,可谓仁矣。"

（论语 6·22）

⑩ 季康子问政于孔子。

孔子对曰:"政者,正也。子帅以正,孰敢不正?"

（论语 12·17）

⑪ 子大叔问政于子产。

子产曰:"政如农功,日夜思之,思其始而成其终,朝夕而行之。行无越思,如农之有畔,其过鲜矣。"

（襄公 25·14）

⑫ 公问名于申繻。

对曰:"名有五:有信,有义,有象,有假,有类。以名生为信,以德命为义,以类命为象,取于物为假,取于父为类。不以国,不以官,不以山川,不以隐疾,不以畜牲,不以器币。"

（桓公 6·6）

二、询问句答句成分的省略

1. 何如

"何如"问句大多在对话里表示询问,其基本意义是"怎么样"。① 一般用作谓语或单独作为一个分句或句子。带"何如"的句子可以询问状态、情况、方法、原因、程度以及对方的意见等。"何如"在《论语》中共计21例,在《孟子》中有16例,在《左传》中有24例。其中,询问状态或情况的问句,其答句往往蒙问句而省略主语。例如:

① （公孙丑）曰:"伯夷、伊尹何如?"
（孟子）曰:"［ ］不同道。……"

（孟子 3·2）

② 子贡问曰:"贫而无谄,富而无骄,何如?"
子曰:"［ ］可也。未若贫而乐道、富而好礼者也。"

（论语 1·15）

③ 曰:"今之从政者何如?"

---

① "何如"及下文将论及的"何以",除了表示询问,还可以表示反问。

子曰:"噫![ ]斗筲之人,何足算也!"

(论语 13·20)

④ 公曰:"君王何如?"
对曰:"[ ]非小人之所得知也。"

(成公 9·9)

⑤ 赵孟曰:"秦君何如?"
对曰:"[ ]无道。"

(昭公 1·8)

与"何如"用法相当的还有一个"何人",专用于询问人物的品质,其答句的主语也往往省略。在《孟子》中有4例,在《论语》中有1例,在《左传》中未见。例如:

⑥ 见孟子问曰:"周公何人也?"
曰:"[ ]古圣人也。"

(孟子 4·9)

⑦ 浩生不害问曰:"乐正子,何人也?"
孟子曰:"[ ]善人也,信人也。"

(孟子 14·25)

⑧ 冉有曰:"夫子为卫君乎?"
子贡曰:"诺。吾将问之。"
入,曰:"伯夷、叔齐何人也?"
曰:"[ ]古之贤人也。"
曰:"[ ]怨乎?"
曰:"[ ]求仁而得仁,又何怨!"
出,曰:"夫子不为也"。

(论语 7·15)

2. 何谓

带"何谓"的问句在先秦有两种用法:一是"何谓也",用于句末或单独成句,询问上句所说的话或事是什么意思;二是"何谓×",用于句首,询问什么是或什么叫"×"。其中,《论语》"何谓也"6例,"何谓×"3

例;《孟子》"何谓也"4例,"何谓×"5例;《左传》"何谓也"4例,"何谓×"6例。对话中"何谓×"问句的答句主语往往蒙问句宾语省略。例如:

⑨（王子垫）曰:"何谓尚志?"
曰:"[ ]仁义而已矣。"

（孟子13·33）

⑩ 子张问于孔子曰:"何如斯可以从政矣?"
子曰:"尊五美,屏四恶,斯可以从政矣。"
子张曰:"何谓五美?"
子曰:"[ ]君子惠而不费,劳而不怨,欲而不贪,泰而不骄,威而不猛。"
子张曰:"何谓惠而不费?"
子曰:"因民之所利而利之,斯不亦惠而不费乎!择可劳而劳之,又谁怨?……"
子张曰:"何谓四恶?"
子曰:"[ ]不教而杀谓之虐;不戒视成谓之暴;慢令致期谓之贼;犹之与人也,出纳之吝,谓之有司。"

（论语20·2）

⑪ 赵孟曰:"何谓蛊?"
对曰:"[ ]淫溺惑乱之所生也。……"

（昭公1·12）

先秦时的"何谓"问句,并不是所有的答句都会出现省略。例如下列例句中答句均用"……之谓……""……谓之……""……是谓……"等形式,没有出现省略。

⑫ （浩生不害曰）"何谓善?何谓信?"
（孟子）曰:"可欲之谓善。有诸己之谓信。……"

（孟子14·25）

⑬ 公曰:"何谓忠贞?"
对曰:"公家之利,知无不为,忠也;送往事居,耦俱无猜,

贞也。"

（僖公 9·4）

⑭ 公曰："善哉！何谓威仪？"
对曰："有威而可畏谓之威，有仪而可象谓之仪。"

（襄公 31·13）

⑮ 公曰："何谓六物？"
对曰："岁、时、日、月、星、辰，是谓也。"
公曰："多语寡人辰而莫同，何谓辰？"
对曰："日月之会是谓辰，故以配日。"

（昭公 7·15）

3. 何以（为）

"何以（为）"可以表示询问，也可以表示反问。表示询问的问句其答句有时可以省略，这种省略主要见于《孟子》。例如：

⑯ 万章问曰："舜往于田，号泣于旻天。何为其号泣也？"
孟子曰："怨慕也。"

（孟子 9·1）

⑰ 孟子曰："何以言之？"
（公孙丑）曰："怨。"

（孟子 12·3）

⑱ 曰："敢问招虞人何以？"
曰："以皮冠。"

（孟子 10·7）

⑲ 高子曰："禹之声，尚文王之声。"
孟子曰："何以言之？"
曰："以追蠡。"

（孟子 14·22）

例 ⑯ 和例 ⑰ 问句询问的是原因，答句分别该为"为怨慕其号泣也""以怨言之"。例 ⑱、例 ⑲ 询问方法、方式，答句分别为介词结构，省略了谓语，本该为"以皮冠招虞人""以追蠡言之"。

三、是非问句答句成分的省略

所谓是非问句，是指要求对方用"是的""不是"或"有""没有"作答的疑问句。古汉语是非问句一般在句末加"乎"或"与"等。根据动词的特点，是非问句可以分为3类：① 由能愿动词"可""能""敢"等构成的是非问句，② 由动词"有"构成的是非问句，③ 由一般动词构成的是非问句。下面从肯定和否定回答两方面来看它们答句的省略。

1. 由能愿动词构成的是非问句答句成分的省略

由能愿动词构成的是非问句，其答句如果是肯定性的，则只需照抄问句中的能愿动词。若问句为否定形式，答句也要求用否定形式，其他成分均可以省略。例如：

① （齐宣王）曰："若寡人者，可以保民乎哉？"
（孟子）曰："可。"

（孟子1·7）

② 沈同以其私问曰：燕可伐与？
孟子曰："可。……"

（孟子4·8）

③ 子谓冉有曰："女弗能救与？"
对曰："不能！"

（论语3·6）

④ （中叔时）对曰："犹可辞乎？"
王曰："可哉！"

（宣公11·5）

若对问句做否定回答，则答句只需在能愿动词前加否定词，其他成分可以省略。例如：

⑤ 潘崇曰："能事诸乎？"
曰："不能。"
"能行乎？"
曰："不能。"

"能行大事乎?"

曰:"能。"

(文公1·7)

⑥ 万章曰:"今有御人于国门之外者,其交也以道,其馈也以礼,斯可受御与?"

曰:"不可。……"

(孟子10·4)

⑦ 孟子曰:"子之道,貉道也。万室之国,一人陶,则可乎?"

曰:"不可,器不足用也。"

(孟子12·10)

2. 由"有"构成的是非问句答句成分的省略

由"有"构成的是非问句,对其做肯定回答,直接用"有";对其做否定回答,可以用"无""未"等,其他成分可以省略。例如:

⑧ 齐宣王问曰:"交邻国有道乎?"

孟子对曰:"有。……"

(孟子2·3)

⑨ (公孙丑)曰:"不动心有道乎?"

(孟子)曰:"有。……"

(孟子3·2)

⑩ 陈亢问于伯鱼曰:"子亦有异闻乎?"

对曰:"未也。……"

(论语16·13)

⑪ 叔展曰:"有麦麹乎?"

曰:"无。"

"有山鞠穷乎?"

曰:"无。"

(宣公12·6)

3. 由一般动词构成的是非问句答句成分的省略

由一般动词构成的是非问句,如果答句是肯定性的,一般只需重复问句中的动词，其他成分可以省略。例如：

⑫（孟子曰：）"许子冠乎？"
（陈良）曰："冠。"

（孟子5·4）

⑬ 周霄问曰："古之君子仕乎？"
孟子曰："仕。……"

（孟子6·3）

⑭ 万章曰："君馈之粟，则受之乎？"
（孟子）曰："受之。"

（孟子10·6）

⑮（长沮）曰："是鲁孔丘与？"
（子路）曰："是也。"

（论语18·6）

⑯ 女子曰："君免乎？"
曰："免矣。"
曰："锐司徒免乎？"
曰："免矣。"

（成公2·3）

⑰ 公曰："和与同异乎？"
对曰："异。……"

（昭公20·8）

⑱ 王曰："卿不同乎？"
曰："不同，有贵戚之卿，有异姓之卿。"

（孟子10·9）

如果答句是否定性的，回答的方式有两种：一种是以否定词否定问句中的动词，另一种是直接用否定词"未""否""非"等。例如：

⑲ 秦伯曰："晋国和乎？"
对曰："不和。……"

（僖公15·8）

⑳（陈贾）曰:"周公知其将畔而使之与?"
（孟子）曰:"不知也。"

（孟子4·9）

㉑ 公孙丑曰:"乐正子强乎?"
（孟子）曰:"否。"
"有知虑乎?"
曰:"否。"
"多闻识乎?"
曰:"否。"

（孟子12·13）

㉒ 或问曰:"劝齐伐燕,有诸?"
曰:"未也。……"

（孟子4·8）

㉓ 子曰:"由也,女闻'六言六蔽'矣乎?"
对曰:"未也。"

（论语17·8）

㉔ 公孙丑问曰:"仕而不受禄,古之道乎?"
（孟子）曰:"非也。……"

（孟子4·14）

以上以《论语》《孟子》及《左传》为例,说明了古汉语中对话结构的省略情况,分析了这类省略涉及的语篇结构、语用及语义方面的各种因素。最后要说明的是,本书所列有关对话结构省略各项条件都是相对的。也就是说,在具备某一条件下表现出省略的倾向性,并不是具备了这一条件就一定会省略。这是对话结构本身的性质使然,是不以我们的主观意志为转移的。

第六章 结 语

省略，从语言构成单位看，可以分为语音上的省略、词汇构成要素的省略、句子语义和句法成分的省略，甚至话语中句子的省略。从研究角度看，可以分为句法层面的省略、语义层面的省略和语用层面的省略。本书择重研究了古汉语句子基本结构成分和语义成分的省略，并以此为切入点，透视古汉语中与之相关的其他语言现象。通过对古汉语省略的研究，本书对古汉语省略及相关语言事实形成了一些新的认识，但有些认识还比较零碎，现在集中起来进行讨论，权作结语。

第一节 古汉语省略的功能

在古代，省略的研究主要和训诂学、文章学联系在一起，很少对省略的内涵和外延做出界定，因而所论省略现象极为庞杂。其与训诂学的联系，本书引言部分已有论述；其与文章学的联系，可以借宋人车若水《脚气集》中对《论语》中一段话的解释加以说明：

"盖有不知而作之者，我无是也。多闻择其善者而从之，多见而识之，知之次也。"此章正与"我非生而知之者，好古敏以求之者也"同。意圣人此说甚多，不知而作与诗人予岂不知而作不同，乃是不勉而中，不思而得之意。其言曰：固有圣人天纵，从容中道，不待知而作，我不到此地位也。我只是学而知之，多闻择其善者而从之，多见择其善者而识之，所以能有所得。我非生知，知之次也。此意甚分明，"择其善者而从之，其不善者而改之"。不复又下"择"字。"多见而识之"，不复又下"择其善者"四字，自是作文之法。

车若水从作文法，也就是文章学的角度分析《论语》中的"省略"。

自《马氏文通》出版以后，省略的研究同时引起了语法学家和修辞学家的注意。绝大多数语法和修辞论著中均列有专章或专节讨论省略问题。就我们所见，这些论著所论省略内容也都大致相同。这一现象不得不引起我们思考，省略究竟是语法学的研究对象还是修辞学的研究对象，或者是语法学和修辞学的共同研究对象？由此引发出笔者对语法和修辞关系的思考。

我们认为，从狭义的语法观点看，应该把语法和修辞区别开来，正如三个平面理论所强调的，语言可以从 3 个平面来研究：语法（或句法）的、语义的和语用的。语用学尽管不等于修辞学，但至少包含了修辞学的大部分内容。关于 3 个平面之间的关系，学界有不同的看法。我们认为，其中的语法（句法）和语义是不可分割的统一体，而语用则是对该统一体整体运用功能的研究。基于上述看法，本书把省略看成一种语义—句法范畴，同时指出动词或介词的支配成分是一种语义—句法成分。显然，本书研究的省略现象主要是一种语法现象，是属于语法学的。

那么，能否从修辞学的角度研究省略？答案是肯定的。从修辞学的角度研究省略主要是研究省略在语言运用中的功能，这种功能可以从 3 个方面来看。

第一，从表意上看，省略的功能是使语言简洁，它符合语言交际过程中的经济原则。以简洁为标准论省略，在我国很早就开始了。如《公羊传》对省略的分析：[①]

> 公及齐侯、宋公、陈侯、卫侯、郑伯、许男、曹伯会王世子于首戴。秋八月，诸侯盟于首戴。（春秋·僖公五年）《公羊传》曰："诸侯何以不序？一事而再见者，前目而后凡也。"

《公羊传》认为，前面序列了各位公、侯、伯、男，后面再提到的时候，只需统括地提一下就可以了。何休注："省文，从可知。"

唐代孔颖达《春秋左传正义》也有同样的说法：

> 三月，公会刘子、晋侯、宋公、蔡侯、卫侯、陈子、郑伯、许男、曹伯、莒子、邾子、顿子、胡子、滕子、薛伯、杞伯、小邾子、齐国夏于召陵。……五月，公及诸侯盟于皋鼬。（左传·定公四年）孔颖达

[①]《公羊传》中对省略分析的例子，引自严修《论〈春秋公羊传〉的语法观》（《古汉语语法论集》，语文出版社 1998 年版）。

《正义》曰:"书经之例,诸侯先会而后盟,皆前目而后凡。此共盟者还是前会之诸侯,前已历序,故于此总言之也。"(《春秋左传正义》卷五十四)

孔颖达所谓的"前目而后凡",就是指根据经书的体例,诸侯先会而后盟。会时对参与的诸侯要做具体交代,而盟时则可以"诸侯"一语做概括交代。这种省略实际和文章的繁简有关。近人吴曾祺对这种省略法进一步阐发,并概括为"于上文所有者,以一二语结之"(《涵芬楼文谈·省文》)。唐彪《读书作文谱》又把它细分为"省文"和"省句"两种情况:"有省文省句之不同:如'其他仿此''余可类推',乃省文法也;'舜亦以命禹''河东凶亦然'之类,省句法也。"今人陈望道《修辞学发凡》则把这种省略归为积极的省略。以此为标准,则俞樾《古书疑义举例》"古人行文不嫌疏略例"都可以看成省略。

第二,从表形上看,省略的功能是使语言灵活、富于变化。如吕叔湘先生写有《汉语句法的灵活性》一文,其中就包含了"移位"和"省略";本书各节所论移位型省略表现出来的句法成分和语义成分在句子中的变换也体现了古汉语表形上的灵活性。关于此点,可参阅本书相关章节的有关论述。

第三,从语用上看,省略可以增强语言的节奏感,还能表达某种特殊语气。这主要指某些虚词的省略,如介词"于""以"和结构助词"之"等。对于介词的省略,杨伯峻、何乐士评论说:"这种'省略'在古汉语里实在是不胜枚举,并且也不是承上下文而省,实在不应该说是省略。"[①] 王力先生也认为,有时候之所以不用介词"于""以",其实只是关系语的应用,无所谓省略。[②] 我们认为,他们之所以认为介词"于""以"不是省略,是说不是语法或语义上的省略,但如果从语用或修辞上来看,把它们说成省略也未尝不可。

关于古汉语偏正结构之间是否加助词"之",也有人从省略的角度谈。这也是一种涉及修辞或语用因素的省略。《马氏文通》谈到"之"字的运用

---

① 杨伯峻、何乐士:《古汉语语法及其发展》,语文出版社1992年版。
② 参见王力《汉语语法史》,见《王力文集》(第11卷),山东教育出版社1990年版。

时指出："大抵以两名字之奇偶为取舍。……又以意之轻重为'之'字之取舍者，宣公三年《穀梁传》云：'春王正月，郊，牛之口伤。"之口"缓辞也，伤自牛作也。'是则'之'字加否，即为辞缓急之别。"王力《汉语语法史》也说："偏正结构中不用'之'字为介，没有一定的标准。一般地说，要以节奏为标准。"郭绍虞《汉语语法修辞新探》说："语法学者都是在用虚词处来找寻它的语法规律，而我们则可于不用虚词处看出它的语气作用。《庄子·马蹄》篇：'马，蹄可以践霜雪，毛可以御风寒。'此句是说马之蹄与毛的作用，所以在'马'字应当作一停顿。作一停顿，就表示有了一个'之'字或'者'字。……在应当可以用'之'的地方而省略不用，这不是语气作用是什么！认为语气作用而省略不用，这不是汉语语法自然结合修辞现象是什么！"

从以上论述可以看出，古汉语虚词的省略往往受语言节奏和所表达语气的限制，它们不同于句法或语义上的省略，是语用或修辞上的省略。

研究省略在运用中的功能，除了研究它的积极功能，还应该研究它的消极功能。所谓消极功能，是指不该省略的成分却省略了，即省略所带来的负面影响。例如《公羊传》对下面《春秋》经文的解说：

春，晋侯侵曹，晋侯伐卫。（春秋·僖公二十八年）　《公羊传》曰："曷为再言晋侯？非两之也。然则何以不言遂？未侵曹也。未侵曹，则其言侵曹何？致其意也。其意侵曹，则曷为伐卫？晋侯将侵曹，假涂于卫，卫曰不可得，则固将伐之也。"

以上是说，按惯例，经文中第二句主语"晋侯"本可以省略，但这里没有省略。因为"侵曹"和"伐卫"并不是连续发生的两件事，实际上是晋侯本意在侵曹，向卫国借道，卫国拒绝，于是晋侯就舍曹而伐卫。不省主语，以表示上一句是未然的预想，下句是已然的事实。

再如宋代王楙《野客丛谈》和洪迈《容斋随笔》所记：

《史记·卫青传》曰："封青子伉为宜春侯，青子不疑为阴安侯，青子登为发干侯。"叠三用青子字不以为赘。《汉书》则一用青子字而其余则曰子而已，曰："封青子伉为宜春侯，子不疑为阴安侯，子登为发干侯。"视《史记》之文已省两青字矣。使今人作墓志等文则一用子

字,其余曰某某而已,后世作文益务简于古,然字则省矣,不知古人纯实之气已亏。(《野客丛谈》)

杨虞卿兄弟,怙李宗闵势,为人所奔向。当时为之语曰:"欲入举场,先问苏、张,苏、张尚可,三杨杀我。"而《新唐书》减去"先"字;李德裕《赐河北三镇诏》曰:"勿为子孙之谋,欲存辅车之势。"《新唐书》减去"欲"字,遂使两者意义不铿锵激越,此务省文之失也。(《容斋随笔》)

以上两则笔记从语言的气势和意义的铿锵激越两方面评价了省略的得失。

从省略研究中所反映出来的语法和修辞的关系,同样也适合对古汉语其他语言现象的研究。如古汉语中词类活用的问题,通常也是语法学和修辞学互相争夺的对象。笔者曾经从语义和句法两方面证明了古汉语名词活用主要是一种句法—语义现象,它在修辞上的功能是为了使语言形象生动、结构简练;其中所谓的名词活用为状语,在修辞上尽可以归到比喻的修辞手法。①

第二节 语境和语境型省略

语境本来是语用学或修辞学研究的重要内容,语法研究是否需要考虑语境因素,因为研究对象和研究方法的不同,可以有不同的看法。如转换生成语法,研究的对象是人脑中内在的普遍语法知识,它所选取的语料都是经过加工的理想的说话人所说的句子,因此,在研究中,它不必考虑语境因素。

古汉语语法研究的对象是实际存在的具体的语言,因此,对它做语法分析不可避免地要考虑各种语境因素。从语言交际功能看,可以从3个不同角度对语言进行研究:第一,着重研究语言的生成或表达,或者说从说者或写作者的角度研究语言;第二,着重研究语言的接受或理解,或者说从听者或读者的角度研究语言;第三,既考虑语言的生成,又考虑语言的理解。对古汉语来说,应考虑从接受或理解的角度加以研究。接受或理解古汉语离不开各种语境因素。我国传统的训诂学和校勘学为此提供了有力的证据。我们知道,训诂学和校勘学如果离开了具体上下文和相关社会文化语境,那将是不可想象的。而我国古代的语法研究就是在训诂学的土壤里逐步生长和发育起

---

① 参见张家文《古汉语名词活用说的再认识》,载《古汉语研究》1999年第3期。

来的，如果在研究方法上忽视语言的使用环境，恐怕总有那么一点隔靴搔痒的感觉。

语境多种多样，本书把研究过程中涉及的各种语境归纳为 3 类，即上下文语境、情景语境和社会文化语境。下面分类加以说明。

一、上下文语境

所谓上下文语境，就是指语言的内部环境，可以指上下句、上下段，甚至指整个语篇结构。如本书根据省略成分所指对象出现的语言环境，把省略分为移位型省略和语境型省略两类；把主语的省略类型分为并列省、连锁省、错综省、当前省 4 类，其中前 3 类可以归纳为上下文语境省。分析对话结构中对话标记省略的制约因素，谈到了话对和话对、话段和话段在结构和语义上的对称性，这是上下段语境对省略的影响。我们多次指出省略在叙述语篇、议论语篇和对话语篇中的差异，这是语篇语境对省略的影响。某些句子，如果不考虑上下文语境，就很难对它们从语法上做出科学的分析。如《左传》中的两个句子：

① 庸人曰："楚不足与战矣。"遂不设防。（文公 16·4）
② 王曰："晋未可争。"（成公 3·4）

上例中介词"与"后省略了支配成分，这是很容易看出来的。至于省略的支配成分所指对象是谁，如果不考察上下文语境，以例 ① 为例，至少有 3 种不同的理解：

③ 楚不足与 ［庸人］ 战矣。
④ 楚不足与 ［任何人］ 战矣。
⑤ ［庸人］ 不足与 ［楚］ 战矣。

例 ③、例 ④、例 ⑤ 3 种理解在先秦汉语里都是容许的，但根据上下文，只有例 ⑤ 是符合作者原意的。

在语法研究中联系上下文语境是现代语言学的发展趋势，近年来兴起的功能语言学和语篇语言学是这一趋势的具体表现。关于如何处理语篇和句法现象的关系，主要有 4 种观点。① 语篇与句法决然无涉，句法研究根本不应考虑语篇因素。② 根本不存在相对独立于语篇的所谓句法成分和句法规则。③ 部分句法现象受语篇因素的制约,但那只体现在句法现象的一些非本质方面。从方法论的角度考虑,阐释句法特征时可以不理会语篇因素。④ 句法现象从成形到现状都受到语篇因素的制约,句法研究过程中若不考虑这些因素,势必无法得到理论上富于洞察力的阐释。① 目前大多数语言学家持后两种观点,这也是本书作者赞同的。

二、情景语境

情景语境指语言产生时的周围环境、事件的性质、参与者的关系、时间、地点、方式等。有时候如果不了解情景语境,那么,对该句子或语篇的意义是无法了解的。在情景语境中,对语言参与者的认识尤为重要,语言参与者可以指会话的双方,也可以是文学作品里虚构的人物。用通俗的话说,所谓情景语境,就是一个人在什么场合、什么地点、什么时间、对什么人说什么话。

情景语境和上下文语境是有区别的,这种区别影响人们对省略性质的认识。如20世纪70年代末期,吕叔湘先生提出要区分"省略"和"隐含"两个概念。② 吕文认为应把省略限制在如下条件:第一,如果一句话离开上下文或者说话的环境意思就不清楚,必须添补一定的词语意思才清楚;第二,经过添补的话是实际上可以有的,并且添补的词语只有一种可能。这样才能说是省略了这个词语。隐含不同于省略,例如"你一言,我一语","一言"和"一语"前添补"说"或者"来",但实际上都不这么说,就只能说这里隐含着一个"说"或"来"。在"他要求参加"和"他要求放他走"里边,可以说"参加"前边隐含着"他","放"前边隐含着"别人",但是不能说省略了"他"和"别人",因为实际上这两个词不可能出现。吕先生用是否可以添补出来为标准,把"省略"和"隐含"区别开来。他所说的"能否添补",实际上大致相当于上面所说的上下文。施关淦沿着吕叔湘的思路,从语言和言语(话语)关系的角度进一步论述了省略和隐含的

---

① 参见陈平《当代语言学中的统一和分化——第14届国际语言学家大会述评》,载《国外语言学》,1987年第4期。

② 参见吕叔湘《汉语语法分析问题》,商务印书馆1979年版。

区别。① 该文指出，省略是一种语用现象，存在于言语或话语中，对语言本身来说，是谈不上省略的。语用离不开语境，语境能够提供某些信息。在交际过程中，如果语境提供了某种信息，就可以把表示这种信息的词语省去。当人们理解话语时，就会根据语境提供的信息找回被省略的词语。隐含不是语用现象，而是一种语言现象，它大多出现在"多动句"里边。多动句是由若干个以动词为谓语的小句加合、压缩而成的。在加合、压缩过程中，往往删略了一些词语，这就是隐含产生的原因。如兼语式和连动式中成分的删略，就是隐含。施关淦把"语用"理解为语境，除了上下文语境，还包括说话时的情景以及说者／听者等。当然，根据上下文语境和情景语境把省略和隐含区分开来从理论上来说有一定的道理和依据，但是在实际操作过程中有时很难划清两者之间的界限。比如用生成语法理论研究汉语的学者常常争议的所谓空位宾语，实际上也是一种话语成分或受语境因素制约的省略。②

  本书没有对古汉语中的省略和隐含做严格的区分，比如所论当前省和泛指省，就是依据情景语境分出来的省略类型。当前省多出现于对话语篇中，泛指省多出现于议论语篇中，尤其是泛指性主语省略，可以说是汉语的一大特点，我们不应该忽视或否定其省略的情景因素。

三、社会文化语境

  社会文化语境指语篇产生的言语社团的历史文化和风俗习惯，以及说话者对历史文化和风俗习惯掌握的程度。系统功能语法学家韩礼德试图把语言归为社会符号系统，也就是说，语言意义不再孤立地存在于语言单位之中，而是与特定情景语境所体现的社会符号系统密切联系。③ 如我们考察了《论语》《孟子》和《左传》中的对话，发现对话参与者的省略和他们的身份与地位有关［见第五章第二节第四部分］；再如王学勤考察了《论语》和《孟子》中的"对曰"，认为"对曰"具有以卑对尊的语体色彩。④

---

① 参见施关淦《关于"省略"和"隐含"》，载《中国语文》1994 年第 2 期。
② 参见韩景泉《空语类理论与汉语空位宾语》，载《国外语言学》1997 年第 4 期。
③ 参见周晓康《韩礼德〈语篇与语境〉简介》，载《国外语言学》1988 年第 2 期。
④ 参见王学勤《〈论语〉〈孟子〉中的"对曰"》，载《中国语文》1981 年第 3 期。

第三节　语境省和移位省的句法制约条件

按照通行说法，语境省是指受语言环境（主要是上下文）制约的句子结构成分和语义成分的省略，是发生在句子与句子之间的一种言语行为。而移位省，按照现代语言学的意义理解，是指句子的变换方式之一，即句子内某一成分由原来的位置移位到另一位置，而在原来的位置留下空位，也称为"空语类"。在古汉语里，主要表现在动词宾语和介词宾语的移位。本书之所以把一部分移位看成是省略，主要是考虑它和语境省所受的句法制约条件的密切联系。它们的联系可以从4个方面来看。

一、互为条件

所谓互为条件，是指语境省和移位省互相制约、互为条件。在第四章第二节第一部分中我们指出，一个介词的支配成分如果能在句中移位，那么这一介词的支配成分往往可以省略；反之，则不然。如古汉语介词"以""与""为"的支配成分如果为代词，则经常移位于介词之前；而介词"于"所支配的代词宾语一般不能移位于它的前面。所以，前者所支配的成分往往可以省略，而后者不能。这说明了移位和省略是互为条件的。

二、互补条件

所谓互补条件，是指移位省和语境省在古汉语中在功能上具有互补关系。如第三章第二节第二部分中所论，汉语的主语倾向于语境省，宾语倾向于移位省，这两种省略方式对主语和宾语来说，是呈互补分布的两种功能。它是和汉语主宾语非对称性的句法语义特点相对应的。语境省和移位省的互补分布可以通过使令动词"使"所带兼语的省略得到证明。因为"使"所支配的成分同时兼有主语和宾语的特征，所以它所支配的成分既可以因语境而省略，也可以移位于句首，形成移位省，在功能上处于一种中和状态。（见第三章第四节第一部分）

三、同现条件

所谓同现条件，是指移位省和语境省经常在某类句子中共同出现。例如助动词"可""足"修饰动词或介词，其后的支配成分往往移位于句首充当句子话题，而句子的主语受语境制约而省略。例如：

① 父母之年，e_1 不可不知 e_2 也。（论语 4·21）
② 赐也，e_1 始可与 e_2 言《诗》矣！（论语 1·15）

上例中 e_1 为主语的语境省，e_2 为宾语的移位省。

我们说动词和介词支配成分的移位省略是汉语话题化的手段之一，仅限于动词和介词支配成分移位于句首的情况。如果把宾语前置，即动词支配成分移位于动词之前和主语之后也看作移位，则这种移位和语境省还会出现第四种制约条件上的联系。

四、共同条件

在古汉语中，如果动词的宾语为代词，而动词有否定副词"未""不"的修饰，则宾语可以置于动词之前。第三章第三节第一部分中指出，某些否定副词修饰及物动词，如"弗""不"，则动词的宾语往往可以省略，甚至必须省略。从这里可以看出，"否定性"是动词宾语前置和动词宾语省略的共同条件。

根据以上论述，尽管语境省和移位省所受的语境制约不同，但它们在句法制约条件上是密切关联的。因此，本书把它们看作两种在功能上互补的省略方式。

附录　古汉语语法专题研究 5 篇

从古汉语省略研究看语法和修辞的关系

一

省略是语言中常见的现象，古汉语尤其如此。人们很早就注意到了这种现象，并从不同的角度对它进行了研究。如汉代小学家把省略称为"省文"，但他们对省略的认识是从语义的理解开始的，也就是说，最早是从训诂的角度揭示有关省略现象的，因而早期有关省略研究大多出现在古书的注疏中。清末俞樾《古书疑义举例》对历代省略的研究成果进行总结和归纳，列举了 12 种和省略相关的语言现象。① 从俞氏所列的 12 种省略现象来看，他是用辩证的眼光来看待省略的，即"省"与"不省"两相对照，如"疏略"和"繁复"、"语急"和"语缓"、"加曰"和"省曰"等，都是两相对照，通过这种对照、比较来揭示省略的修辞价值。

古代学者对省略的研究尽管揭示了不少和省略有关的语言现象，也给我们提供了大量例证，特别是他们结合修辞研究省略的方法，对后来的研究极具启发意义。但由于时代的局限，在研究方法、对象及理论阐述等方面都存在严重缺陷，主要表现在 3 个方面。

第一，从研究方法上看，他们采用的是训诂学的研究方法，也就是说，从意义内容的角度来分析省略，忽略了省略在语言形式和语言结构方面的特点。这是由他们研究的目的所决定的，他们研究省略的目的是为了读懂古书，不是为了研究语言而研究省略，所以这一时期的省略研究具有浓郁的训诂学色彩。例如：

郊社之礼，所以事上帝也；宗庙之礼，所以祀乎其先也。（礼记·

---

① 参见杨树达等《古书疑义举例五种》，中华书局 1983 年版，第 23～43 页。

中庸）郑玄注："社，祭地神，不言后土者，省文。"

在古代，"郊"和"社"是有区别的，一般冬至祭天称"郊"，夏至祭地称"社"。郑玄的意思是说"郊社之礼"既祭天（即上帝），还要祭地（即后土）。而《礼记》只说"事上帝"，故称为"省文"。

第二，由于缺乏科学的研究方法，其研究对象或内容还不十分明确，没有区分不同层次的省略；同时，有关省略的术语本身及其所指内容也不规范。省略，古人泛称"省文"，有时分称"省字""省句"等。比如说，"省文"除了指一般意义上的省略外，还指语言或文章的简要，如刘知几《史通·叙事篇》："夫国史之美者，以叙事为工；而叙事之工者，以简要为主……《春秋》变体，其言贵于省文。"在同一篇里，刘氏还提出了"省字"和"省句"，但其所指均为叙事的简要。

第三，指出了古书中大量存在的省略现象，但对省略的原因、规律等缺乏系统的理论阐述，即使像俞樾《古书疑义举例》这样的著作，也主要是汇集散见于历代注疏、笔记中关于省略的解释，还谈不上理论的研究。

《马氏文通》是我国第一部体系完整的语法学著作，它第一次揭示了古汉语语法的特点。该书有关省略的论述主要集中在卷十《论句读》。《马氏文通》在它所建构的语法体系内，从句子成分的角度出发，以大量的语言材料，详细分析了起词（即主语）和语词（即谓语）省略的情况。尽管《马氏文通》所论省略现象不像俞樾《古书疑义举例》那样面面俱到，但其在研究方法和在理论上的高屋建瓴，都是俞氏不可企及的。主要体现在3个方面。

第一，《马氏文通》一反过去从训诂角度研究省略的方法，而是把省略纳入其所建构的语法体系之内进行研究。它所论述的省略现象不是古汉语中罕见的、偏僻的，而是最常见的、最普通的。它以句子成分为纲统摄各种省略现象，联系句式、句型来把握省略的规律。如议事论道之句读、命戒之句，其起词一般可以省略；比拟句读中，其语词一般省略。结合语言的语法特点区分省略和非省略，《马氏文通》中说："无属动词，本无起词。'有''无'两字，见亦同焉。"这就是根据动词的特点，由某些动词构成的句子，它们本身没有主语，因而不得称它们省略了主语。

第二，虽然《马氏文通》是一部语法学著作，但它能结合修辞来研究省略现象。正是基于语法和修辞结合的指导思想，《马氏文通》在论述省略现象时，不时指出它在修辞上的功能，如"句读起词既见于先，而文势直贯，可不重见"。这说明，让语言或文章"文势直贯"是起词省略的修辞功能之一。再如，"有不用起词本字，而以公共之名代之者，如人以地名是也"。例如，以"天下"代天下之人，以"布衣"代布衣之士等，实际上是修辞学上的"借代"修辞格，但作者把它放在起词节加以论述，就是为了让人们区分"省略"和"借代"这两种不同的语言现象。

第三，作者站在比较语言学的高度，挖掘古汉语的特点，并指出省略是汉语不同于其他语言的特点。在论述起词省略时指出："大抵论议句读皆泛指，故无起词，此则华文所独也。泰西古今方言，凡句读未有无起词者。"可见，《马氏文通》是着眼于汉语尤其是古汉语的特点来谈省略。

继马建忠之后，杨树达关于省略的研究主要见于他的《高等国文法》和《中国修辞学》（后更名为《汉文文言修辞学》）。杨树达对省略的研究明显继承了俞樾《古书疑义举例》结合训诂和校勘的研究传统，但对省略分类比俞氏更为周密和科学。杨树达在俞樾研究基础上，对古代汉语里出现的各种省略现象做了更为全面且系统的归纳和概括，为古书的阅读和理解提供了方便。后来人们对省略的研究在材料和内容上基本没有超出这一范围。但他对省略的研究仍然没有摆脱清儒所使用的训诂学方法。因此，我们认为，除了动词省略的论述略详于《马氏文通》以外，杨树达在省略理论和规律的概括探讨上都不及后者。

自《马氏文通》出版以后，古书中的省略同时引起了语法学家和修辞学家的注意力。大多数语法和修辞论著中均列有专章或专节讨论省略问题。就我们所见，这些论著所论省略内容大致相同。这一现象不得不引起我们思考，省略究竟是语法学的研究对象还是修辞学的研究对象，或者是语法学和修辞学的共同研究对象？由此引发出笔者对语法和修辞关系的思考。

关于语法和修辞的关系，我们可以借鉴语法研究三个平面的理论来说明。根据该理论，对某一语法现象的研究应该分别从句法的、语义的和语用的3个平面加以分析。关于3个平面之间的关系，学界有不同的看法。但有不少人认为语用分析等于修辞分析，或者包含了修辞分析的大部分内容。语法分析可以根据3个平面进行，这完全正确，但认为语用和修辞之间是等同或包含与被包含的关系，则是不可取的，因为它抹杀了语法和修辞的界限，不利于语法学和修辞学学科的发展，对此无须多说。吕叔湘先生在为《马氏文通》所作的序中指出："作者（指马建忠）不愿意把自己局限在严格意义的语法范围之内，常常要涉及修辞。……语法和修辞是邻近的学科。把语法和修辞分开，有利于科学的发展；把语法和修辞打通，有利于作文的教学。后者是中国的古老传统，也是晚近许多学者所倡导的。在这件事情上，《文通》可算是有承先启后之功。"显然，只有在承认语法和修辞是不同学科的前提下，才能谈语法和修辞的结合。就古汉语省略研究而言，我们既可以结合语法和修辞进行研究，也可以从语法和修辞两方面分别进行研究。

二

我们认为，从语法方面对省略进行研究，应着重研究语言句子中句法成分省略（包括隐含）的类型、省略出现的条件及规律等。对此，前人多有论述，本文不再赘述。下面着重探讨如何从修辞的角度对省略进行研究。从修辞的角度研究省略主要是结合各种语境研究省略在话语或话语句子中的功能。鉴于此，有的学者把省略看成是一种言语行为，是使用语言的结果。① 上述定义的省略实际上是修辞的省略，有别于语法的省略。省略的功能可以从3个方面来看。

第一，从表意上看，省略的功能是使语言简洁，它符合语言交际过程中的经济原则。以简洁为标准论省略，在我国很早就开始了，如《公羊传》对省略的分析：

> 公及齐侯、宋公、陈侯、卫侯、郑伯、许男、曹伯会王世子于首戴。秋八月，诸侯盟于首戴。（春秋·僖公五年） 《公羊传》曰："诸侯何以不序？一事而再见者，前目而后凡也。"

《公羊传》认为，前面序列了各位公、侯、伯、男，后面再提到的时候，只需统括地提一下就可以了。何休注"省文，从可知。"

唐孔颖达《春秋左传正义》也有同样的说法：

> 三月，公会刘子、晋侯、宋公、蔡侯、卫侯、陈子、郑伯、许男、曹伯、莒子、邾子、顿子、胡子、滕子、薛伯、杞伯、小邾子、齐国夏于召陵。……五月，公及诸侯盟于皋鼬。（左传·定公四年） 孔颖达

---

① 参见郑远汉《省略句的性质及其规范问题》，载《语言文字应用》1998年第2期。

《正义》曰:"书经之例,诸侯先会而后盟,皆前目而后凡。此共盟者还是前会之诸侯,前已历序,故于此总言之也。"(《春秋左传正义》卷五十四)

孔颖达所谓的"前目而后凡",就是指根据经书的体例,诸侯先会而后盟。会时对参与的诸侯要做具体交代,而盟时则可以"诸侯"一语做概括交代。这种省略实际和文章的繁简有关。近人吴曾祺对这种省略法进一步阐发,并概括为"于上文所有者,以一二语结之"(《涵芬楼文谈·省文》)。唐彪《读书作文谱》又把它细分为"省文"和"省句"两种情况:"有省文省句之不同:如'其他仿此''余可类推',乃省文法也;'舜亦以命禹''河东凶亦然'之类,省句法也。"今人陈望道《修辞学发凡》则把这种省略归为积极的省略。以此为标准,则俞樾《古书疑义举例》"古人行文不嫌疏略例"可以看成修辞上的省略。

第二,从表形上看,省略的功能是使语言灵活、富于变化。如吕叔湘先生写有《汉语句法的灵活性》一文,其中就包含了"省略"一项。下面是《论语》中的两个句子:

君子不以绀緅饰,红紫不以〔　〕为亵服。(论语·乡党)
水火,吾见蹈〔　〕而死者矣,未见蹈仁而死者也。(论语·卫灵公)

以上两个句子中,前句介词"以"后省略了宾语,后一句动词"蹈"后省略了宾语,这里的省略是由于句子成分的移位引起的。以上两个句子可以分别变换为:

君子不以绀緅饰,不以红紫为亵服。
君子绀緅不以〔　〕饰,红紫不以〔　〕为亵服。
吾见蹈水火而死者矣,未见蹈仁而死者也。
水火,吾见蹈〔　〕而死者矣,仁,未见蹈〔　〕而死者也。

上例充分说明了省略能使语言灵活、富于变化的功能。

第三,从语用上看,省略可以增强语言的节奏感,还能表达某种特殊语气。这主要指某些虚词的省略,如介词"于""以"和结构助词"之"等。

对于介词的省略，杨伯峻、何乐士评论说："这种'省略'在古汉语里实在是不胜枚举，并且也不是承上下文而省，实在不应该说是省略。"① 王力先生也认为，有时候之所以不用介词"于""以"，其实只是关系语的应用，无所谓省略。② 我们认为，他们之所以认为介词"于""以"不是省略，是说不是语法或语义上的省略，而如果从修辞上来看，把它们看成省略也未尝不可。

关于古汉语偏正结构之间是否加助词"之"，也有人从省略的角度谈。这也是一种涉及修辞因素的省略。《马氏文通》谈到"之"字的运用时指出："大抵以两名字之奇偶为取舍。……又以意之轻重为'之'字之取舍者，宣公三年《穀梁传》云：'春王正月，郊，牛之口伤。"之口"缓辞也，伤自牛作也。'是则'之'字加否，即为辞缓急之别。"王力《汉语语法史》也说："偏正结构中不用'之'字为介，没有一定的标准。一般地说，要以节奏为标准。"郭绍虞《汉语语法修辞新探》说："语法学者都是在用虚词处来找寻它的语法规律，而我们则可于不用虚词处看出它的语气作用。《庄子·马蹄》篇：'马，蹄可以践霜雪，毛可以御风寒。'此句是说马之蹄与毛的作用，所以在'马'字应当作一停顿。作一停顿，就表示有了一个'之'字或'者'字。……在应当可以用'之'的地方而省略不用，这不是语气作用是什么！认为语气作用而省略不用，这不是汉语语法自然结合修辞现象是什么！"

从以上论述可以看出，古汉语虚词的省略往往受语言节奏和所表达语气的限制，它们不同于句法或语义上的省略，是修辞上的省略。

研究省略在运用中的功能，除了研究它的积极功能，还应该研究它的消极功能。所谓消极功能，是指不该省略的成分却省略了，即省略所带来的负效果。例如《公羊传》对下面《春秋》经文的解说：③

春，晋侯侵曹，晋侯伐卫。（春秋·僖公二十八年）《公羊传》曰：

---

① 杨伯峻、何乐士：《古汉语语法及其发展》，语文出版社1992年版。
② 参见王力《汉语语法史》，见《王力文集》（第11卷），山东教育出版社1990年版。
③ 以下《公羊传》中对省略的分析参见严修《论〈春秋公羊传〉的语法观》（郭锡良主编《古汉语语法论文集》，语文出版社1998年版）。

"曷为再言晋侯？非两之也。然则何以不言遂？未侵曹也。未侵曹，则其言侵曹何？致其意也。其意侵曹，则曷为伐卫？晋侯将侵曹，假涂于卫，卫曰不可得，则固将伐之也。"

以上是说，按惯例，经文中第二句主语"晋侯"本可以省略，但这里没有省略。因为"侵曹"和"伐卫"并不是连续发生的两件事，实际上是晋侯本意在侵曹，向卫国借道，卫国拒绝，于是晋侯就舍曹而伐卫。不省主语，以表示上一句是未然的预想，下句是已然的事实。

再如宋代王楙《野客丛谈》和洪迈《容斋随笔》所记：

《史记·卫青传》曰："封青子伉为宜春侯，青子不疑为阴安侯，青子登为发干侯。"叠三用青子字不以为赘。《汉书》则一用青子字而其余则曰子而已，曰："封青子伉为宜春侯，子不疑为阴安侯，子登为发干侯。"视《史记》之文已省两青字矣。使今人作墓志等文则一用子字，其余曰某某而已，后世作文益务简于古，然字则省矣，不知古人纯实之气已亏。(《野客丛谈》）

杨虞卿兄弟，怙李宗闵势，为人所奔向。当时为之语曰："欲入举场，先问苏、张，苏、张尚可，三杨杀我。"而《新唐书》减去"先"字；李德裕《赐河北三镇诏》曰："勿为子孙之谋，欲存辅车之势。"《新唐书》减去"欲"字，遂使两者意义不铿锵激越，此务省文之失也。(《容斋随笔》）

以上两则笔记从语言的气势和意义的铿锵激越两方面评价了省略的得失。[1]

从省略研究中所反映出来的语法和修辞的关系，同样也适合对古汉语其他语言现象的研究。如古汉语中词类活用问题也和省略问题相似。笔者曾经从语义和句法两方面证明了古汉语名词活用主要是一种句法—语义现象，它在修辞上的功能是为了使语言形象生动、结构简练；其中所谓的名词活用为状语，在修辞上尽可以归到比喻的修辞手法。

---

[1] 《容斋随笔》引自宗廷虎、李金苓《中国修辞学通史》（隋唐五代宋金元卷，吉林教育出版社1998年版，第403页）。

古汉语介词"以"支配成分的移位和省略

一、引　言

　　移位和省略是语法研究中两个重要的概念。吕叔湘先生指出："第一，如果一句话离开上下文或者说话的环境意思就不清楚，必须添补一定的词语意思才清楚；第二，经过添补的话是实际上可以有的，并且添补的词语只有一种可能。这样才能说是省略了这个词语。"① 所谓移位，按现代语言学的意义理解，是指句子的变换方式之一，即句子内某一成分由原来的位置移到另一位置，而在原来的位置上留下空位，也称为"空语类"。在我国传统语法学中，通常以"倒装"或"倒置"概括之。移位和省略的区别可以概括为：前者是一种句法现象，它发生在句子内部，主要受句法和语用因素的制约；后者是一种言语或话语现象，受语境（主要是上下文）因素的制约。

　　所谓支配成分，是一个语义—句法概念，它指在语义上受介词"以"的支配，而在句法上不一定受"以"直接支配的语言成分。古汉语介词"以"的支配成分一般由代词或名词性成分充当，它们可以移位，也可以省略，在介词"以"后形成句法空位。本文以《论语》《孟子》《左传》为语料（例句均按杨伯峻注本标出节号），对古汉语介词"以"支配成分的移位和省略情况做穷尽性考察。

二、移　位

（一）规则移位

　　所谓规则移位是指受句法规则制约的移位现象，这里主要指代词充当介词"以"的支配成分的移位。马建忠在《马氏文通》中对此做过说明："'以'司'何''是'两代字，倒置为常，司'之''此'诸字则否。""'以'司'所'字，则必后焉。""以"所支配的成分移位在上列3部书中的分布情况如下。

---

　　①　吕叔湘：《汉语语法分析问题》，见《汉语语法论文集》（增订本），商务印书馆1984年版。

（1）疑问代词"何"充当介词"以"的支配成分，一概移位于"以"之前。"何以"在《论语》中出现 8 次，在《孟子》中出现 25 次，在《左传》中出现 106 次。它们构成疑问句或反问句，询问动作的凭借或原因。例如：

① 何以报德？以直报怨，以德报德。（论语 14·34）
② 乃入见，问何以战。（庄公 10·1）
③ 吾王庶几无疾病与？何以能鼓乐也？（孟子 2·1）

例 ① 和例 ② 询问凭借，例 ③ 询问原因。由"何"修饰其他词组成的名词性词组充当介词"以"的支配成分，也要前移，如例 ④：

④ 若以大夫之灵，得保首领以没；先君若问与夷，其将何辞以对？（隐公 3·5）

（2）代词"所"充当介词"以"的支配成分，必前置于介词"以"前，主要表示凭借的对象，少数表示原因。《论语》用"所以"4 次，《孟子》用 33 次，《左传》用 81 次。例如：

⑤ 公事毕，然后敢治私事，所以别野人也。（孟子 5·3）
⑥ 夫礼，所以整民也。（庄公 23·1）
⑦ 不轨不物，谓之乱政。乱政亟行，所以败也。（隐公 5·1）

例 ⑤ 和例 ⑥ 表示凭借的对象，例 ⑦ 表示原因，引出结果分句，这是后来连词"所以"的直接来源。

（3）指示代词"是"和介词"以"结合，如果在话语中引进原因，表示因果关系，则"是"置于"以"之前。《论语》用"是以"4 次，《孟子》用 17 次，《左传》用 162 次。例如：

⑧ 仲尼之徒无道桓、文之事者，是以后世无传焉，臣未之闻也。（孟子 1·7）
⑨ 自鄢以来，晋不失备，而加之以礼，重之以睦，是以楚弗能报，而求亲焉。（昭公 5·4）

⑩ 虽小道，必有可观者焉；致远恐泥，是以君子不为也。（论语 19·4）

如果"是"引进的不是原因，而是所凭借的对象，则"是"置于"以"之后。"以是"在《孟子》中出现 3 次，《左传》中出现 7 次，全部表示动作的凭借对象。例如：

⑪ 庶人在官者，其禄以是为差。（孟子 10·2）
⑫ 而先皆季氏之良也，尔以是继之。（定公 8·10）

据此，可以解释同样是指示代词"此"充当"以"的支配成分，却往往位于"以"后，因为"以此"引出的都是动作所凭借的对象，"以此"只在《左传》中出现 6 次。例如：

⑬ 以此赞国，择利而为之。（闵公 2·5）
⑭ 思则有备，有备无患。敢以此规。（襄公 11·5）

由于"是以""所以"经常用于陈述动作的原因，又常常出现于复句中表结果的分句之首，因而表现出向连词转化的趋势，但绝大多数还是应该看作代词和介词的组合。

（4）借助助词"之"把介词"以"的宾语前移，仅见于《左传》。例如：

⑮ 我之不共，鲁故之以。（昭公 13·3）
⑯ 毛得必亡。是昆吾稔之日也，侈故之以。（昭公 18·1）

以上 4 类介词支配成分的前移和古汉语中动词支配成分前移是一致的。因为介词"以"是由动词"以"演变而来的，所以还保留了一部分动词的特点。

（二）语用移位

语用移位主要指介词"以"支配的名词性成分的移位，它主要受语用因素的制约。

1. 移位名词性成分的类型

名词性成分移位，据笔者统计，《论语》出现 29 例，《孟子》出现 8 例，《左传》出现 130 例左右。主要有 4 种类型。

（1）表示道德、礼仪、习俗、制度等的抽象名词，主要见于《左传》，如"仁""义""礼""信""政""德""刑""乐""言""敬""奸"等。例如：

⑰ 君子义以为质，礼以行之，孙以出之，信以成之。（论语 15·18）
⑱ 礼以行义，信以守礼，刑以正邪。（僖公 28·11）
⑲ 服以旌礼，礼以行事，事有其物，物有其容。（昭公 9·5）

（2）表示时间的名词，如"夜""朝""夕""时""昼""日月"等。例如：

⑳ 其有不合者，仰而思之，夜以继日。（孟子 8·20）
㉑ 闰以正时，时以作事。（文公 6·9）
㉒ 侨闻之，君子有四时：朝以听政，昼以访问，夕以修令，夜以安身。（昭公 1·12）

（3）数词"一"或以"一"为修饰语的名词性词组，这种类型主要见于《论语》，《孟子》和《左传》中分别见 1 例。例如：

㉓《诗》三百，一言以蔽之，曰："思无邪。"（论语 2·2）
㉔ 参乎！吾道一以贯之。（论语 4·15）
㉕ 非其义也，非其道也，一介不以与人，一介不以取诸人。（孟子 9·7）
㉖ 纥也闻之：在上位者洒濯其心，壹以待人。（襄公 21·2）

（4）表示事物的一般名词。例如：

㉗ 狐貉之厚以居。（论语 10·6）
㉘ 曾子曰："不可，江汉以濯之，秋阳以暴之，皜皜乎不可尚已。"

（孟子5·4）

㉙ 天子省风以作乐，器以钟之，舆以行之。（昭公21·1）

从语义关系上看，上述各类名词性成分的移位绝大多数表示动作行为的凭借；从结构上看，名词性成分移位以后，介词"以"或整个介词结构很少受副词、连词或助动词的修饰。

2. 决定介词"以"名词性支配成分移位的语用因素

（1）正如麦梅翘指出的，"以"所支配的名词性成分前移，是为了对该成分的强调。① 下面我们引用他的例子进行说明：

㉚ 子荡怒，以弓梏华弱于朝。（襄公6·2）

㉛ 十二月，齐侯田于沛，招虞人以弓，不进。公使执之。昔我先君之田也，旃以招大夫，弓以招士，皮冠以招虞人。臣不见皮冠，故不敢进。（昭公20·7）

例㉚和例㉛中的"十二月，齐侯田于沛，招虞人以弓，不进。公使执之"是一般的叙述，而"旃以招大夫，弓以招士，皮冠以招虞人"是表示议论或辩解，对前移成分加以强调。我们还观察到，"以"支配的名词性成分的前移多出现在口语化程度较高的作品中，如《论语》和《左传》中的对话部分。《孟子》里出现较少，是因为它尽管在体裁上和《论语》相似，但它脱离了《论语》简单、片断的记言形式，而成了对话式的长篇论文，语言的书面化程度有所提高。

（2）为了使句子的结构更为匀称，如果"以"所支配的成分较复杂或者较长，也往往把该成分移于"以"前。例如：

㉜ 和如羹焉，水、火、醯、醢、盐、梅，以烹鱼肉，燀之以薪，宰夫和之，齐之以味，济其不及，以泄其过。（昭公20·8）

㉝ 清浊、小大、短长、疾徐、哀乐、刚柔、迟速、高下、出入、周疏，以相济也。（昭公20·8）

㉞ 羔裘玄冠不以吊。（论语10·6）

---

① 参见麦梅翘《〈左传〉中介词"以"的前置宾语》，《中国语文》1983年第5期。

（3）最为重要的是，介词"以"支配成分的前移是古汉语话题化的手段之一，因此，尽管前移的名词性成分在句法和语义上是"以"所支配的对象，但在语用层面上则变成了句子的话题，而句子的语法主语常常可以省略。下面是几个典型的带话题的句子：

㉟ 夫颛臾，昔者先王以为东蒙主。（论语16·1）
㊱ 旧令尹之事，必以告新令尹。（论语17·9）
㊲ 先君之敝器，请以谢罪。（昭公7·1）

话题在语篇中具有衔接作用，而前移的名词性支配成分也具有同样的功能。例如：

㊳ 名以出信，信以守器，器以藏礼，礼以行义，义以生利，利以平民，政之大节也。（成公2·2）
㊴ 夫名以制义，义以出礼，礼以体政，政以正民，是以政成而民听。（桓公2·8）

三、省　略

1. 省略的特点

"以"支配成分省略的对象不出现在句子内部，而是出现在句子之外的上下文或由其他语境因素决定。下面是省略成分出现于上下文中的例子（e代表省略成分）：

① 彭仲爽，申俘也。文王以 e 为令尹。（哀公17·4）
② 古之为关也，将以 e 御暴；今之为关也，将以 e 为暴。（孟子14·8）
③ 衣食所安，弗敢专也，必以 e 分人。（庄公10·1）

以上例子中画线的部分均可理解为介词"以"的支配成分。

有些句子中"以"的支配成分根据上下文无法找回，只能根据意思或其他因素，如句中动词的特点来确定，甚至可以有多种理解。例如：

④ 御人以 e 告子元。（庄公28·3）

⑤ 若以 e 假人，与人政也。（成公 2·2）
⑥ 从者病矣，请以 e 食之。（昭公 29·3）
⑦ 子曰："吾尝终日不食，终夜不寝，以 e 思，无益，不如学也。"（论语 15·31）
⑧ 事君尽礼，人以 e 为谄也。（论语 3·18）

例 ④ ～ ⑥，"以"的支配成分究竟是什么，根据上下文无法确定，但是我们根据动词的语义特点认为"以"后确实省略了支配成分。例 ⑦ 王力先生以为"以"后省略了支配成分，但究竟省略的是什么，根据上下文是无法补出来的。例 ⑧ "以"后省略了支配成分，但省略成分的所指对象可有两种理解：可以指"事君以礼"这件事，也可以指"事君以礼"的施事者。如杨伯峻先生《论语译注》把后句译为"别人却以为他在谄媚哩"，显然是第二种理解。可见，例 ⑧ 省略成分的所指对象也是不确定的。

有人认为，省略的对象应该具有确定性，根据上下文可以明确补出来，这是一种普遍的看法。有人认为省略仅仅是为了分析句子的便利而说的，实际上有许多地方根本不能补出这个代词宾语来。①

我们认为，判断"以"后支配成分是否省略，应主要依据"以"字句中动词的句法和语义特点，至于省略成分的所指对象是否明确或是否可以补出，只能作为辅助标准。

2. "以"支配成分省略句中动词的类型

（1）祈使动词，即表示告知、命名等行为的动词，如"命""令""劝""教""告""语""名"等。这类动词的最大特点是可以带双宾语，但在下列句子中只出现一个宾语。例如：

⑨ 舜亦以 e 命禹。（论语 20·1）
⑩ 及生，如卜人之言，有文在其手曰"友"，遂以 e 名之。（昭公 32·4）
⑪ 其父死于路，己为虿尾，以 e 令于国，国将若之何？（昭公 4·6）
⑫ 子若免之，以 e 劝左右，可也。（昭公 1·2）

---

① 参见王力《汉语语法史》，见《王力文集》（第 11 卷），山东教育出版社 1990 年版，第 455 页。

⑬ 子木归，以 e 语王。（襄公 27·4）
⑭ 子服景伯以 e 告子贡。（论语 19·23）

（2）赐予动词，如"赐""与""授""赏""予""分""遗""畀""献""嫁""取""妻"等。赐予动词一般带对象宾语和受事宾语，但在下列句子中只出现对象宾语。例如：

⑮ 其翦以 e 赐诸侯，使臣妾之，亦唯命。（宣公 12·1）
⑯ 竖牛取东鄙三十邑，以 e 与南遗。（昭公 5·1）
⑰ 衣食所安，弗敢专也，必以 e 分人。（庄公 10·1）
⑱ 小人有母，皆尝小人之食矣；未尝君之羹，请以 e 遗之。（隐公 1·4）
⑲ 公说，执曹伯，分曹、卫之田以 e 畀宋人。（僖公 28·3）
⑳ 印堇父与皇颉戍城麇，楚人囚之，以 e 献于秦。（襄公 26·6）
㉑ 若以 e 假人，与人政也。（成公 2·2）

以上两类动词有个共同特点，就是都可以带双宾语，其中受事宾语可以受介词"以"支配，置于动词之前，以"赐"为例：

㉒ a. 王嘉其有礼也，赐之大路。（襄公 24·11）
　 b. 尽以其宝赐左右而使行。（文公 16·5）

（3）动词"为"经常和"以"连在一起使用。对"以为"的性质和用法，历来有不同的看法。王力认为，上古汉语"以为"都是两个词的结合，"以"是介词，其后省略了宾语。① 《马氏文通》认为，"以为"有两种用法：一作谓辞者，则"以为"二字必连用；一作以此为彼者，则"以为"二字可拆用。马氏所谓的"谓辞"是指有"认为"意义的动词。要判断"以为"是马氏所谓的"谓辞"，还是"以此为彼"（由介词和动词构成的词组），要根据动词"为"后宾语的性质。一般来说，如果充当"为"的宾

---

① 参见王力《汉语语法史》，见《王力文集》（第 11 卷），山东教育出版社 1990 年版。

语的是名词或名词性词组，则"以为"为词组。例如：

㉓ 夫人蚕缫，以 e 为衣服。（孟子 6·3）
㉔ 来，以盾为才，固请于公，以 e 为嫡子，而使其三子下之。（僖公 24·1）

如果"为"的宾语为动词或动词性短语，则"以为"为词，表示认为的意思。例如：

㉕ 邹人与楚人战，则王以为孰胜？（孟子 1·7）
㉖ 今燕虐其民，王往而征之，民以为将拯己于水火之中也，箪食壶浆以迎王师。（孟子 2·11）
㉗ 齐侯以为有礼。既而问之，辟司徒之妻也。（成公 2·3）

如果"为"的宾语为形容词，则"以为"可以分析为单词，也可以分析为词组，例如：

㉘ 如其道，则舜受尧之天下，不以为泰，子以为泰乎？（孟子 6·4）
㉙ 君以为雄，谁敢不雄？（襄公 21·8）
㉚ 公以为忠，故有宠。（襄公 28·11）

以上标准是依据动词"为"的意义和用法确定的。动词"为"的意义尽管比较抽象，但它经常带名词性宾语，有时可以带形容词性宾语，很少带动词性宾语。① 表示"认为"意义的"以为"属于感知动词。感知动词带动词或形容词性宾语，古今汉语都是如此。由于动词"为"可以带形容词性宾语，表感知的"以为"也可以带形容词性宾语，故"以为"带形容词性宾语可以做两种分析。

---

① 参见李佐丰《文言实词》，语文出版社 1994 年版，第 134～135 页。

四、几个由"以"组成的固定结构

1. "可以""足以"

由助动词"可"和"足"构成的固定搭配"可以""足以"用法比较复杂。何乐士认为,《左传》中的"可以""足以"是用"可""足"表示主语所代表的对象有条件或能够进行某项活动,用连词"以"把它们和动词中心语连接起来。① 我们不同意何先生把"可以""足以"中的"以"看作连词的观点,原因有两点。

第一,何先生认为在《左传》里"可以""足以"中的"以"没有一例可以带宾语,因此说"以"省略了宾语有些勉强。但我们在《孟子》中发现了两例"可以"的"以"带宾语:

① 焉有君子而可以货取乎?（孟子 4·3）
② 恭俭岂可以声音笑貌为哉?（孟子 7·16）

可见,"可以"后并不是绝对不可以带宾语。

第二,先秦时期,有些"可以""足以"表示的意义和"可""足"相当,但它们的用法是有区别的。如"可""不可"在对话里经常可以单独回答问题,但"可以""不可以"却不能单独回答问题。不能单独回答问题是介词重要的语法特点之一,这在古今汉语中是一致的。可见,先秦汉语中有一部分"可以""足以"中的"以"具有介词的语法特点。

基于上述两点,先秦汉语的"可以""足以"实际上有两种情况:一种是由助动词和介词"以"组成词组;另一种是"可以""足以"融合在一起构成新词,"以"进一步虚化成了构词语素。

如何区分上面两种情况,可以说是仁者见仁,智者见智,有的语焉不详。尽管我们不同意何乐士先生把上述"以"看作连词的意见,但她关于"可以""足以"联系的一般是施事主语的看法为我们区分"可以""足以"的两类用法提供了线索。我们发现有一部分"可以""足以"联系的主语不能做一般意义上的施事理解。例如:

---

① 参见何乐士《〈左传〉虚词研究》,商务印书馆 1989 年版,第 153 页。

③ 片言可以 e 折狱者，其由也与！（论语 12·12）
④ 有孺子歌曰："沧浪之水清兮，可以 e 濯我缨；沧浪之水浊兮，可以 e 濯我足。"（孟子 7·8）
⑤ 唯器与名，不可以 e 假人，君之所司也。（成公 2·2）

以上例子中画线的部分，按一般分析法看，应该是句子的主语，但都不是一般语法意义上的施事。如果硬要为它们补上施事主语，则画线部分只能理解为句子的话题，在语义上是"以"的支配成分。下面带"可以"或"足以"的句子，其主语可以有不同的理解：

⑥ 吾观晋公子之从者，皆足以 e 相国。若以相，夫子必反其国。（僖公 23·6）
⑦ 善人教民七年，亦可以 e 即戎矣。（论语 13·29）
⑧ 暴骨以逞，不可以 e 争。（襄公 9·5）

如例⑥，若仅看前句，似乎"足以"后没有省略，联系该例的下句"若以相"，这里的"以"无疑是介词，由此可证"足以"的"以"也是介词，其支配成分省略了。例⑦后一句的主语可以理解为"善人"，也可以理解为"民"，若做前一种理解，则"以"后省略了支配成分。例⑧林尧叟《句解》解为"言争当以谋，不可以暴骨"，即"不可以暴骨争"。

根据我们确立的标准，"足以""可以"作为词或者词组在《论语》《孟子》和《左传》中的统计数据如表 7-1：

表 7-1 "足以""可以"在《论语》《孟子》和《左传》中出现的次数

书名	足以		可以	
	词组	词	词组	词
《论语》	4 次	0 次	16 次	17 次
《孟子》	17 次	17 次	18 次	60 次
《左传》	19 次	9 次	39 次	96 次
总计	40 次	26 次	73 次	173 次

2. "无以"

"无以"的用法和其他副词修饰"以"的用法有所不同，它涉及对

"无"的词性认识问题。《马氏文通》把"无"和"有"归为一类,称为同动字,并说:"'有''无'两字后习用'以'字介词以系动字于后,而止词则隐而不书。"(按:"止词"指"有""无"的宾语)"无"在先秦除了动词用法以外,还可以做副词,表示否定。例如:

⑨ 其竭力致死,<u>无</u>有二心。(成公3·4)
⑩ 君子食<u>无</u>求饱,居<u>无</u>求安。(论语1·14)

我们认为,"无以"中的"无"既不同于一般的动词用法,也不同于一般的副词用法,而是同时兼有动词和副词的某些特征,可以称之为"否定性动词"。其中的"以"也体现了介词向连词过渡阶段的特点。正因为如此,大多数"无以"可以做两种分析:可以认为是"无"后省略了宾语,也可以认为是"以"后省略了支配成分。例如:

⑪ 尔贡苞茅不入,王祭不共,无以缩酒,寡人是征。(僖公4·1)

可以按马建忠的分析,分析为"无[何]以缩酒",也可以分析为"无以[苞茅]缩酒"。

在《论语》《孟子》和《左传》中,共用"无以"39次,可以肯定分析为"副词+以"的只有8例。

五、移位和省略的关系

根据上文分析,古汉语介词"以"支配成分的移位和省略是两种不同的语言现象,但是在语言的演变和发展过程中,在某些方面又表现出一致性,有时甚至互相转化,具体表现为3点。

(1)介词支配成分的移位和省略是互相制约、互为条件的。一般来说,一个介词的支配成分能在句子中移位(移于介词之前),则这一介词的支配成分往往也可以省略;反之,则不能省略。如介词"以"(包括"与""为")的支配成分如果为疑问代词,则往往移位于介词之前,但介词"于"所支配的疑问代词一般不前移。故前者所支配的成分往往可以省略,而后者不能。

(2)在语言发展演变过程中,省略和移位往往同时发生作用。对"以"

的支配成分的空位，郭锡良指出："有时是前置，有时是省略，难以划清。"① 例如：

① 素以为绚兮。（论语 3·8）
② 羔裘玄冠不以吊。（论语 10·6）
③ 隐居以求其志，行义以达其道。（论语 16·11）

以上 3 例分别可以做两种不同形式的变换：

④ a. 素以［之］为绚兮。
　 b. 以素为绚兮。
⑤ a. 羔裘玄冠不以［之］吊。
　 b. 不以羔裘玄冠吊。
⑥ a. 隐居以［之］求其志，行义以［之］达其道。
　 b. 以隐居求其志，以行义达其道。

以上 3 例中 a 句分析为省略，b 句分析为移位。

（3）以上关于介词支配成分移位和省略的关系不仅适合介词"以"，也适合其他介词，如"与""为"等。

【参考文献】

［1］吕叔湘．汉语语法分析问题［C］//汉语语法论文集：增订本．北京：商务印书馆，1984．
［2］王力．汉语语法史［M］//王力．王力文集：第 11 卷．济南：山东教育出版社，1990．
［3］郭锡良．介词"以"的起源和发展［J］．古汉语研究，1998（1）．
［4］麦梅翘．《左传》中介词"以"的前置宾语［J］．中国语文，1983（5）．
［5］何乐士．《左传》虚词研究［M］．北京：商务印书馆，1989．
［6］李佐丰．文言实词［M］．北京：语文出版社，1994．

---

① 郭锡良：《介词"以"的起源和发展》，载《古汉语研究》1998 年第 3 期。

先秦汉语"也""者"的话题标记功能

一

近年来，不少语言学家从类型学的角度提出了汉语不同于其他语言的特点：李纳和汤姆逊认为汉语是话题优先型语言①；曹逢甫认为汉语是注重话语的语言，有别于英语那样注重句子的语言②；张伯江、方梅进一步认定汉语是注重功能的语言，句法制约力相对较弱③。有人证明，即使在汉语内部各方言之间，话题优先在程度上还有等级之分，如上海话是一种比普通话更突出因而也更典型的话题优先型方言。④ 以上论证汉语是话题优先型语言的证据之一，是汉语有一套相对固定的话题标记，如现代汉语话题后可以带句中语气词"啊（呀）""呢""嘛""吧"等。

关于话题的定义以及和主语的区别，语言学界还没有完全一致的看法，但下面所列话题的特征是大多数语言学家认可的。⑤

（1）话题总是有定的，这一点自赵元任提出以来，很少有异议，但对什么是有定可以做进一步分析。与此相关的，有人从信息的角度看话题的特点，认为话题一般表示已知信息。

（2）话题一般位于评论之前。

（3）话题后可以有停顿或带有话题标记，话题标记可以前加，可以后加，汉语一般是在话题后加上句中语气词，如"啊（呀）""呢""嘛""吧"等。

（4）话题是一个语段或语篇概念，常常可以将其语义范围扩展到一个句子以上，就是说，若干句子，甚至整个段落可以共用一个话题。

（5）话题与句子主要动词的关系可以是施事、受事等，也可以是时间、

---

① 李纳、汤姆逊的看法转引自曹逢甫《主题在汉语中的功能研究》。
② 参见曹逢甫《主题在汉语中的功能研究》，语文出版社1995年版。
③ 参见张伯江、方梅《汉语功能语法研究》，江西教育出版社1996年版。
④ 参见徐烈炯、刘丹青《话题的结构与功能》，上海教育出版社1998年版。
⑤ 如曹逢甫《主题在汉语中的功能研究》（语文出版社1995年版）、陆俭明《周遍性语语句及其他》（《中国语文》1986年第3期）、徐烈炯和刘丹青《话题的结构与功能》（上海教育出版社1998年版）。

地点等句子内容的环境要素，甚至仅凭借常识或背景知识与句子内容发生关系的部分。

（6）充当话题的主要是体词性成分，也可以是谓词性成分，甚至句子。

本文基于话题的上述特点，认为先秦汉语和现代汉语一样，具有话题优先的特点，并以《论语》《孟子》为语料（例句出处仅注篇名），论证"也""者"在先秦时具有话题标记的功能。

二

"也"在先秦时期是一个典型的语气词（或称语气助词）。《马氏文通》把"也"归为传信助词，认为它的作用有三：助句、助读和助实字。杨树达《高等国文法》把"也"的用法也归为 3 类：①助词，表提示；②助一顿，表提示以起下文；③助句，表各种语气。现在，一般把"也"的功能归纳为两种：一是用在句末表示肯定或论断语气；二是用在某些词或短语之后，表停顿。对表语气的"也"姑且不论，对"也"的第二种用法，人们大多从修辞的角度加以分析，认为"也"表示停顿，起舒缓语气、调正音节的作用。

通过对古汉语"也"前成分的分析，我们发现"也"前成分都具有话题的性质，进而确定表提顿用法的"也"是古汉语中的话题标记成分。下面以《论语》为例做具体分析。《论语》中单用"也"字共 469 次，其中做话题标记成分用法 160 次左右，约占"也"字用法的五分之二。从"也"前成分的性质和构成看，它们可以分为 5 组 9 类：

（一）"也"前为单音节人名和时间词

（1）人名，计 68 例。例如：

① <u>赐</u>也，始可与言《诗》矣，告诸往而知来者。（论语 1·15）
② <u>回</u>也，其心三月不违仁。（论语 6·7）
③ 吾友<u>张</u>也为难能也，然而未仁。（论语 19·15）

（2）时间词，计 4 例。例如：

④ 孔子对曰："有颜回者好学，不迁怒，不贰过。不幸短命死矣，

今也则亡，未闻好学者也。"（论语6·3）

⑤ 麻冕，礼也，今也纯俭，吾从众。（论语9·3）

⑥ 古者民有三疾，今也或是之亡也。（论语17·16）

⑦ 乡也吾见于夫子而问知。（论语12·22）

有人认为，以上例句中的"也"字起助音节的作用，因为它多用在单音节人名和时间词后，这种看法是相当片面的。诚然，在《论语》中，"也"字确实多用于单音节人名、时间词后，但我们发现这些带"也"的单音节词多用于句首，而位于句中其他位置的单音节人名和时间名词后很少加"也"。

其实上例中的"也"都是话题标记，"也"前的人名、时间词为话题。这种带"也"的话题句主要用于对人物的评议，可以称为评议句，即首先提出评议对象，然后对其展开评议，这一结论不仅适合以人名为话题的句子，而且也适合其他类型的话题句。据此，对有些用于句首不带"也"的人名可以做出合理的解释。例如：

⑧ 子曰："由！诲汝知之乎！知之为知之，不知为不知，是知也。"（论语2·17）

⑨ 仲弓曰："雍虽不敏，请事斯语矣。"（论语12·2）

上例人名后之所以不带"也"，是因为它们都不是评议句，不符合话题句的条件。例⑧中的"由"为呼语成分，例⑨中的"雍"为主语。

另外，《论语》中用人名充当的话题句还有一个特点，就是一般表示几个并列的话题，具有对比的功能，这一特点也适合其他类型的话题句。例如：

⑩ 孟武伯问子路仁乎？子曰："不知也。"又问。子曰："由也，千乘之国，可使治其赋也，不知其仁也。""求也何如？"子曰："求也，千室之邑，百乘之家，可使为之宰也，不知其仁也。""赤也何如？"子曰："赤也，束带立于朝，可使与宾客言也，不知其仁也。"（论语5·9）

在《论语》中如上例者，比比皆是。

（二）"也"前为"必"

计7例。例如：

⑪ 君子无所争，必也射乎！（论语3·7）
⑫ 听讼，吾犹人也。必也使无讼乎！（论语12·13）
⑬ 必也正名乎！（论语13·3）
⑭ 何事于仁，必也圣乎！（论语6·30）
⑮ 必也临事而惧，好谋而成者也。（论语7·11）
⑯ 不得中行而与之，必也狂狷乎！（论语13·21）
⑰ 吾闻诸夫子，人未有自致也，必也亲丧乎！（论语19·17）

以上句子可以称为"必也，P"句式①，对这种句式的训释历来多有争议。有人把"必也"视为副词状语，这种说法会遭遇到两方面的困难：一是用此来解释以上句子尽管文从字顺，但不合原意②；二是"必"在《论语》中共出现76次，其中"必也"7例都出现于句首，其他不带"也"的69例大多用于主语和谓语之间，修饰谓语，如果把"必也"视为副词状语，则不能解释"必"和"必也"的区别。我们赞同李运富的看法，"必也"是对前文语意所做出的不得已的假设性的肯定，相当于一个表示假设的分句。据赵元任研究，汉语带关联词语的副词性小句，当出现于句子开头时，可以当作话题看待。③ 因而"必也"中的"也"可以看成话题标记。

（三）"也"前为NP（指一般名词或名词性短语）

计31例。例如：

⑱ 孝弟也者，其为人之本与。（论语1·2）
⑲ 是道也，何足以臧？（论语9·27）

---

① 参见李运富《〈论语〉里的"必也，P"句式》，载《中国语文》，1987年第3期。
② 参见李运富《〈论语〉里的"必也，P"句式》，载《中国语文》，1987年第3期。
③ 参见赵元任著，丁邦新译《中国话的文法》，见《中国现代学术经典·赵元任卷》，河北教育出版社1996年版。

㉒ 夫达也者，质直而好义，察言而观色，虑以下人……夫闻也者，色取仁而行违，居之不疑。（论语12·20）

㉑ 鸟之将死，其鸣也哀；人之将死，其言也善。（论语8·4）

㉒ 人之过也，各于其党。（论语4·7）

㉓ 古之狂也肆，今之狂也荡；古之矜也廉，今之矜也忿戾；古之愚也直，今之愚也诈而已矣。（论语17·16）

㉔ 君子之过也，如日月之食焉。（论语19·21）

"也"前多为名词性短语，它们有的是由"代词+名词"构成偏正短语，常用的代词有"是""斯""其""夫"4个；有的是由"名词+之+名词"构成的偏正短语。话题是有定的，而这两类短语表达的都是有定的事物，因而可以充当话题。

（四）"也"前为由"之"和"其"构成的名词性短语

包括3小类。

（1）NP+之+VP（NP指名词或名词性短语，VP指动词及动宾短语，下同），计18例。例如：

㉕ 夫子之求之也，其诸异乎人之求之与？（论语1·10）

㉖ 中庸之为德也，其至矣乎。（论语6·29）

㉗ 赤之适齐也，乘肥马，衣轻裘。（论语6·4）

㉘ 君子之至于斯也，吾未尝不得见也。（论语3·24）

㉙ 天下之无道也久矣。（论语3·24）

㉚ 夫子之不可及也，犹天之不可阶而升也。（论语19·25）

（2）NP+之+于+NP，计5例。例如：

㉛ 君子之于天下也，无适也，无莫也，义之与比。（论语4·10）

㉜ 始吾于人也，听其言而信其行，今吾于人也，听其言而观其行。（论语5·10）

㉝ 民之于仁也，甚于水火。（论语15·35）

㉞ 知其说者之于天下也，其如示诸斯乎？（论语3·11）

㉟ <u>吾之于人</u>也，谁毁谁誉？（论语 15·25）

（3）其 + VP，计 11 例。例如：

㊱ <u>其为人</u>也孝弟，而好犯上者，鲜矣。（论语 1·2）
㊲ 直谓子产，"有君子之道四焉：<u>其行己</u>也恭，<u>其事上</u>也敬，<u>其养民</u>也惠，<u>其使民</u>也义。"（论语 5·16）
㊳ <u>其生</u>也荣，<u>其死</u>也哀，如之何其可及也。（论语 19·25）
㊴ <u>其为人</u>也，发愤忘食，乐以忘忧，不知老之将至云尔。（论语 7·19）

第（1）类一般称为"之"字句。王力先生《汉语史稿》中册称这种结构为句子的仂语化，后来又认为这种之字结构并不是子句，而只是名词性词组；它们所在的句子也不是复句或包孕句，而是单句。这种主谓结构插入"之"构成的名词性词组可以做主语、判断语、宾语或关系语。① 王力先生对"之"字句的结构分析是完全正确的，但如果把王力认为做主语或关系语的"之"字句看作话题，也许更为适合。一则因为大多数处于句首的"之"字句后带有"也"字，和其他带"也"的话题句在功能上无异；二则王力先生所谓的关系语，也有人提出过批评。

第（2）类和第（1）类在结构上没有区别，关键是如何看待"于"的性质。过去一般把它看作介词。郭锡良认为，这种用法的"于"产生于春秋战国时期，表示对于的意义，并认为它是由"去到"义动词"于"虚化而来的动词。因而第（2）类和第（1）类性质相同。②

第（3）类是由"其"构成的名词化短语。在先秦时期，"其"一般不单独做主语，它相当于"名词 + 之"。③ 如果对"其"的这种认识是正确的，那么第（3）类在结构和用法上都和第（1）类相当。

---

① 参见王力《汉语语法史》，见《王力文集》（第 11 卷），山东教育出版社 1990 年版，第 319～327 页。
② 参见郭锡良《介词"于"的起源和发展》，载《中国语文》，1997 年第 2 期。
③ 参见王力《汉语语法史》，见《王力文集》（第 11 卷），山东教育出版社 1990 年版，第 455 页；郭锡良《汉语第三人称代词的起源和发展》，见《语言学论丛》（第七辑），商务印书馆 1998 年版。

（五）"也"前为 PP（指介词短语）

计 4 例。例如：

⑩ 说之不以道，不说也；及其使人也，器之。……及其使人也，求备焉。（论语 13·25）

㊶ 及其壮也，血气方刚，戒之在斗；及其老也，血气既衰，戒之在得。（论语 16·7）

"也"前介词短语由"及＋其＋VP"构成，其中"及"为介词，表示时间，相当于"等到"的意思，表时间的介词短语做话题。

（六）"也"前为 VP（包括动词及主谓和动宾短语）

计 14 例。例如：

㊷ 夫子至于是邦也，必闻其政，求之与，抑与之与？（论语 1·10）
㊸ 吾少也贱，故多能鄙事。（论语 9·6）
㊹ 居是邦也，事其大夫之贤者，友其士之仁者。（论语 15·10）
㊺ 耕也，馁在其中矣；学也，禄在其中矣。（论语 15·32）
㊻ 君子之过也，如日月之食焉。过也，人皆见之；更也，人皆仰之。（论语 19·21）

这一类都是谓词性短语（包括主谓短语、动宾短语及动词）或小句充当的话题。①

在《论语》里，带"也"字的话题成分有时候可以后置，以突出评论部分，表示感叹语气。例如：

㊼ 野哉，由也！（论语 13·3）

---

① 以上谓词、谓词性词组或小句充当的话题，大多数表示时间，相当于时间分句，如例㊻后一句，杨伯峻先生《论语译注》译为："错误的时候，每个人都看得见；更改的时候，每个人都仰望着。"

㊽ 小人哉，樊须也！（论语13·4）
㊾ 大哉，尧之为君也！（论语8·19）
㊿ 可乎，夫子之说君子也！（论语12·8）
(51) 巍巍乎，其有成功也！（论语8·19）
(52) 巍巍乎，舜禹之有天下也！（论语8·18）
(53) 久矣哉，由之行诈也！（论语9·12）
(54) 有是哉，子之迂也！（论语13·3）
(55) 诚哉，是言也！（论语13·11）
(56) 甚矣，吾衰也！（论语7·5）

以往有人认为上例中句末的“也”表示感叹或疑问的语气，其实这里的感叹或疑问语气和“也”没有关系，它是由话题后置这种结构形式和评论后的语气词“乎”“哉”“矣”共同表达的，“也”只是后置话题的标记。

我们还考察了《孟子》中“也”的话题标记用法。《孟子》单用“也”字共1214次，其中做话题标记成分用法170次左右，约占“也”字出现次数的七分之一。表7－2是对《论语》和《孟子》中做话题标记成分“也”的用法的比较：

表7－2 《论语》和《孟子》中做话题标记成分“也”的用法的比较

书名	人名	时间词	必	NP	NP＋之＋VP	NP＋之＋于＋NP	其＋VP	PP	VP
《论语》	68次	4次	7次	31次	18次	5次	11次	4次	14次
《孟子》	4次	9次	1次	12次	55次	25次	13次	11次	38次

通过比较，可以看出两者的差别主要体现在4个方面。

第一，从“也”充当话题标记的数量上看，《孟子》比《论语》大大减少。前者话题标记“也”的用法仅占所有“也”的用法的七分之一，而后者却占所有“也”的用法的五分之二。之所以出现这种区别，这可能同两者之间文体的差别有关。《论语》是典型的会话语体，具有浓郁的口语色彩，并且以记言为主，有较多的评议句；而《孟子》尽管也以会话语体为主，但其记事的意味比较浓，因而较少用“也”字做话题标记。

第二，《孟子》中介词短语带话题标记“也”和《论语》比较起来，不仅数量有所增加，而且所用介词也呈多元化趋势。《论语》中只用了介词“及”，而《孟子》中用到的有“及”“当”“于”“为”“比”等。例如：

(57) 当是时也，禹八年于外，三过其门而不入。（孟子4·3）
(58) 于斯时也，天下殆哉，岌岌乎！（孟子9·4）
(59) 为其多闻也，则天子不召师，而况诸侯乎？（孟子10·7）
(60) 及其为天子也，被袗衣，鼓琴。（孟子14·6）
(61) 比其反也，则冻馁其妻子。（孟子2·6）

以上例中介词后有动宾短语、名词性短语以及主谓短语。

第三，《孟子》中带“也”的话题句有向复杂句①转化的趋势，即话题和后续句前常使用关联词语，尤其是话题后续句前经常用“则”，这在《论语》中是很少见的。例如：

(62) 然则子之失伍也亦多矣。（孟子4·4）
(63) 且天之生物也，使之一本，而夷子二本故也。（孟子5·5）
(64) 民之秉彝也，故好是懿德。（孟子11·6）
(65) 天下之言性也，则故而已矣。（孟子8·26）

第四，《孟子》中带“也”的话题成分其内部结构比《论语》复杂，而且《孟子》中还出现了不少话题连用句，这在《论语》中也是极为少见的。例如：

(66) 使管叔监殷，管叔以殷畔也，有诸？（孟子4·9）
(67) 舜之相尧，禹之相舜也，历多年，施泽于民久。（孟子9·6）
(68) 阳货瞰孔子之亡也，而馈孔子蒸豚。（孟子6·7）
(69) 口之于味也，目之于色也，耳之于声也，鼻之于臭也，四肢之于安佚也，性也，有命焉。（孟子14·24）

---

① 关于复杂句的概念可参见赵元任著，丁邦新译《中国话的文法》（《中国现代学术经典·赵元任卷》，河北教育出版社1996年版，第63页）。

上例中，例⑯、例⑰的话题为并列结构，例⑱的话题是比较复杂的句子形式，例⑲是并列话题。

三

对"者"在先秦汉语中的性质和功能有两种不同的看法：第一种可以称为单性质单功能说，认为"者"是代词，如《马氏文通》把"者"归为接读代字，杨树达《高等国文法》认为"者"是指示代名词，王力《汉语语法史》认为"者"是所谓的被饰代词；第二种看法可以称为多性质多功能说，认为"者"兼有助词和语气词两种性质，前者表示指称，后者表示提顿和语气。①

我们认为，如果仅仅就"者"而谈"者"，是很难判断以上两种看法孰是孰非的，但是如果采用比较的方法，可能会得出不同的结论。所谓比较，一方面是拿"者"同其他相似用法的词进行比较，如与"所""也"的用法进行比较，和"所"的比较前贤多有涉及②，但"者"和"也"用法的比较还没有引起足够的重视，这是本文所要论及的。另一方面是先秦"者"的用法和现代汉语相关语言事实的比较，如和现代汉语"的"的用法的比较。"的"是现代汉语中典型的结构助词，它具有一部分文言"者"的功能③，作为结构助词，"的"在现代汉语中还有表示语气的功能。基于这两方面的比较，我们认为，无论把先秦的"者"归为代词，还是归为助词或语气词，它都具有两种功能：一是表示指代，二是表示提顿。事实上，尽管《马氏文通》把"者"归为接读代字，但又在传信助字（即语气助词中的一类）对"者"的用法做了大量论述，可见马氏在"者"的归类和具体分析之间是不一致的。我们认为把"者"看作助词比较恰当，因为汉语里助词

---

① 参见何乐士、敖镜浩、王克仲等《古代汉语虚词通释》，北京出版社1985年版；杨伯峻、田树生《文言常用虚词》，湖南人民出版社1983年版。

② 如朱德熙《自指和转指：汉语名词化标记"的、者、之、所"的语法功能和语义功能》（《中国语文》1981年第1期）、袁毓林《"者"的语法功能及其历史演变》（《中国社会科学》1997年第3期）。

③ 参见朱德熙《自指和转指：汉语名词化标记"的、者、之、所"的语法功能和语义功能》，载《中国语文》1981年第1期。

兼有语气词的用法极为常见，如现代汉语的"的""了"等。①

首先看"者"的表示指代和提顿两种功能的区别。朱德熙否认"者"具有提顿的语气功能，认为它只有指代的功能，这种指代功能可以分为自指和转指。② 例如：

① <u>知者</u>乐水，<u>仁者</u>乐山。（论语6·23）
② <u>仁者</u>，人也；<u>义者</u>，宜也。（礼记·中庸）
③ <u>秦攻梁者</u>，是示天下要断山东之脊也。（战国策·魏策四）
④ <u>昔者</u>吾友尝从事于斯矣。（论语8·5）

根据朱德熙的分析，上例中前两句的"者"字结构为转指，后两句为自指。正如袁毓林指出，这种理论有很强的解释力，但对名词性成分后"者"的语法功能究竟是什么，朱先生没有做出解释。③ 其实，根据朱先生的论述，自指的"者"和转指的"者"同其前 NP 和 VP 有如下对应关系：

NP + 者 ——————→ 自指

VP + 者 ——————→ 自指

VP + 者 ——————→ 转指

因此，我们认为不仅要解释 NP 后的"者"的语法功能是什么，还应该解释 VP 后"者"表示自指和转指时在语法功能上有什么区别。事实上，在先秦时期，"VP + 者"到底是表示自指还是表示转指，有时只能根据上下文来判定，似乎和"者"本身的功能无关。例如：④

---

① 这里所说的助词指结构助词。胡明扬在《北京话的语气助词和叹词》（《中国语文》第5、第6期）中指出，语气词"的""了"和相应的结构助词、时态助词很难截然分开。"的"和"了"可以称为"结构（或时态）语气词"。

② 参见朱德熙《自指和转指：汉语名词化标记"的、者、之、所"的语法功能和语义功能》，载《方言》1983年第1期。

③ 参见袁毓林《"者"的语法功能及其历史演变》，载《中国社会科学》，1997年第3期。

④ 下面例子引自袁毓林《"者"的语法功能及其历史演变》（《中国社会科学》，1997年第3期）。

⑤ 世衰道微，邪说暴行有作，臣弑其君者有之，子弑其父者有之。（孟子6·9）

⑥ 齐宣王问曰："汤放桀，武王伐纣，有诸？"孟子对曰："于传有之。"曰："臣弑其君可乎？"（孟子2·8）

朱德熙认为，例⑤中的"者"为转指标记，把"臣弑其君者"分析为"臣/弑其君者"，"弑其君者"为后置定语。但依据例⑥，也可以把例⑤中的"者"分析为自指标记，即指"臣弑其君"这件事本身。①

下面我们将引入话题理论对"者"的功能做出解释。正如我们在上一小节指出的，"也"在先秦是一个典型的语气词，其功能有二：一是用于句末，表示肯定或论断的语气；二是用于句中，表示提顿。表示提顿的"也"具有话题标记功能，在现代汉语中，话题标记往往也由句末语气词充当②，可见，语气词具有语气和话题标记功能，古今都是一致的。"者"是助词，其功能也表现在两方面：一是指代，主要用在动词、形容词或谓词性短语后构成名词性短语，指代人、事、物；二是用于体词性成分或谓词性成分后，表示提顿。表面看来，"也"和"者"在表示提顿上似乎是相同的，但它们表示提顿的功能是通过不同途径演变而来的。我们设想，"也"的基本功能是表示肯定或论断语气，由此功能衍生出提顿功能，现代汉语句末语气词具有提顿功能就是证明。"者"的基本功能是表示指代，由指代衍生出提顿功能，后又由此衍生出表示某种句末语气的功能，现代汉语"的"的用法或许能给我们的设想提供一些证据。以上假设是否成立，还有待于进一步证实。

如果暂且不考虑"者"和"也"语法功能的派生过程，仅着眼于其语法功能的比较，我们说"者"和"也"在表示提顿和语气两方面是相似的，这可以从两个方面加以证明。

第一，在古籍中，"者"和"也"经常出现互文和混用的情形。这一点清代的小学家们早就注意到了，如王引之《经传释词》说：

---

① 参见朱德熙《自指和转指：汉语名词化标记"的、者、之、所"的语法功能和语义功能》，载《方言》1983年第1期。

② 参见张伯江、方梅《汉语功能语法研究》，江西教育出版社1996年版。

> 者，犹"也"也。《礼记·射义》："射之为言者绎也。"犹曰射之为言也绎也。《郑语》："公曰：'周其弊乎？'对曰：'殆于必弊者。'"言殆于必弊也。又书传中凡言"何者"者，并与"何也"同义。《论语·阳货篇》："恶紫之夺朱也，恶郑声之乱雅乐也，恶利口之覆邦家者。""者"与"也"亦同义，故皇侃本作"恶利口之覆邦家也"。

又吴昌莹《经词衍释》说：

> 者，犹"也"也。《论语》："鲁无君子者。"《说苑》作"无君子也"。《诗》："今者不乐。"《韩非子·定法篇》："必者以其众人之口断之。"《史记·郑世家》："晋文公与秦围郑，讨其助楚攻晋者。"《说苑·君道篇》："取道不以手而以耳者。"又曰："今我却之，是却谏者。"者，皆"也"义。

第二，"者"和"也"常常连用，或者出现于句中，表示提顿；或者出现于句末，表示某种语气。例如：

⑦ 孝弟也者，其为人之本与！（论语1·2）
⑧ 夫达也者，质直而好义，察言而观色，虑以下人。（论语12·20）
⑨ 不受也者，是亦不屑就已。（孟子3·9）
⑩ 集大成也者，金声而玉振之也。金声也者，始条理也；玉振之也者，终条理也。（孟子10·1）
⑪ 安见方六七十如五六十而非邦也者？（论语11·26）

我们认为，例⑦～⑩中的"者"和"也"一样，具有提顿的作用。例⑪中的"者"和"也"一样，表示肯定或论断的语气。"者"单用在句末表示语气的用法在先秦不多见，我们猜想它可能是受"也"的用法影响产生的。

因篇幅所限，本文对话题标记"者"没有做具体分析，这里只能大略指出话题标记"者"出现的情况。

（1）用于时间词"昔""古"等之后，这一用法同"也"。例如：

⑫ 昔者文王之治岐也。（孟子 2·5）
⑬ 古者言之不出，耻躬之不逮也。（论语 4·22）
⑭ 莫春者，春服既成，冠者五六人，童子六七人。（论语 11·26）

（2）用于名词或名词性短语、动词性短语之后，表示说明、判断或解释的对象。例如：

⑮ 政者，正也。（论语 12·17）
⑯ 夫明堂者，王者之堂也。（孟子 2·5）
⑰ 夫徐行者，岂人所不能哉？所不为也。（孟子 12·2）

（3）用于由"所谓""若"等组成的短语后，引出话题。例如：

⑱ 所谓大臣者，以道事君，不可则止。（论语 11·24）
⑲ 若仲子者，蚓而后充其操者也。（孟子 6·10）

（4）用于分句之后，表示上下句有因果或假设等关系。例如：

⑳ 莫之为而为者，天也；莫之致而至者，命也。（孟子 9·6）
㉑ 如有复我者，则吾必在汶上矣。（论语 6·9）

由于"者"的指代和提顿功能具有衍生关系，因而有时很难区分，只能根据上下文来判断。而且，"者"的两种功能有时合而为一。例如：

㉒ 自暴者，不可与有言也；自弃者，不可与有为也。（孟子 7·10）

"自暴者"与"自弃者"中的"者"既起指代作用，又表提顿，充当话题标记。

四

通过对《论语》和《孟子》中"也""者"功能的分析，我们可以获得 3 点结论和启示。

第一，先秦汉语是话题优先的语言，在《论语》和《孟子》中，这一特点表现得尤为明显，因为它们以对话为主，具有高度口语化色彩，能比较客观、真实地反映当时语言运用方面的特点。我们把带"也""者"之类话题标记的话题称为标记话题，不带话题标记的话题称为无标记话题，先秦时期存在大量无标记话题。例如：

① 此邦之人，不可与处。（诗经·小雅·黄鸟）
② 赐也，始可与言诗已矣。（论语 1·15）

以上两例在结构上极为相似，但第一句为无标记话题，第二句为标记话题。可以通过标记话题揭示大量存在的无标记话题。

第二，在先秦汉语里，话题是一个语法化了的句法概念，话题—述题分析模式打破了过去句法分析中的主—谓单一模式。充当话题的可以是词、短语或句子，对话题进行深入研究可以充分认识古今汉语语法的不同特点。比如，为什么古汉语中典型的判断句往往不用判断词，而这种句型除了表示判断的意义外，还可以表示解释、说明等意义？因为先秦的判断句式是一种典型的带"者"字标记的话题句，在话题优先的语言中，话题和其后续成分之间语法关系比较松散，并且可以表示多种多样的意义关系。再如对古汉语省略现象的认识也可以借助话题概念加以说明。如例①和例②，我们说它们分别省略了施事主语和介词的宾语，标示如下：

③ 此邦之人，[ ] 不可与 [ ] 处。
④ 赐也，[ ] 始可与 [ ] 言《诗》已矣。

上例中的"此邦之人""赐"是由介词"与"的宾语通过话题化的方式移位于句首充当句子的话题，句子的主语在一定的语境中省略了。如果不借助话题概念，就连以上简单的句子都很难做出正确分析。

第三，话题—述题分析模式并不排斥主—谓分析模式，它是对主—谓分析模式的补充。主—谓分析模式以谓语（主要是动词）为中心，而话题—述题分析模式以话题为中心，它涉及句子的信息结构、语用价值以及句子与句子之间的关系。本文对此仅仅做了一些肤浅的探讨，更深入的研究以待将来。

【参考文献】

[1] 曹逢甫．主题在汉语中的功能研究［M］．谢天蔚，译．北京：语文出版社，1995．

[2] 赵元任．中国话的文法［M］．丁邦新，译//中国现代学术经典：赵元任卷．石家庄：河北教育出版社，1996．

[3] 张伯江，方梅．汉语功能语法研究［M］．南昌：江西教育出版社，1996．

[4] 徐烈炯，刘丹青．话题的结构与功能［M］．上海：上海教育出版社，1998．

[5] 朱德熙．自指和转指：汉语名词化标记"的、者、所、之"的语法功能和语义功能［J］．方言，1983（1）．

[6] 袁毓林．"者"的语法功能及其历史演变［J］．中国社会科学，1997（3）．

[7] 胡明扬．北京话的语气助词和叹词：上［J］．中国语文，1981（5）．

[8] 胡明扬．北京话的语气助词和叹词：下［J］．中国语文，1981（6）．

[9] 王力．汉语语法史［M］//王力．王力文集：第11卷．济南：山东教育出版社，1990．

[10] 郭锡良．介词"于"的起源和发展［J］．中国语文，1997（2）．

[11] 李运富．《论语》里的"必也，P"句式［J］．中国语文，1987（3）．

[12] 杨伯峻，田树生．文言常用虚词［M］．长沙：湖南人民出版社，1983．

[13] 何乐士，敖镜浩，王克仲，等．古代汉语虚词通释［M］．北京：北京出版社，1985．

古汉语"则"的用法及相关句式研究

一、引　言

"则"是古汉语中常见的一个虚词，关于它的词性，到目前为止，至少有3种不同的看法：① 连词，以《马氏文通》为代表；② 兼作连词和副词，如杨树达《词诠》、王力《汉语语法史》，以及中国社会科学院语言研究所古代汉语研究室编《古代汉语虚词词典》等；③ 副词，如杨伯峻、何乐士《古汉语语法及其发展》。以上体现了学者们对虚词"则"的词性的不同认识。

尽管多数学者倾向于把虚词"则"的词性归为连词和副词，但是对连词"则"和副词"则"在用法上有何区别，很少做深入分析和论证，因此，面对相同的语言材料，有人认为是连词，有人认为是副词。并且，以往的分析偏重于对"则"所联系的语言片段之间意义的分析，而忽略对"则"本身的功能的研究。

针对上述研究的缺陷和不足，有人对"则"的用法及相关句式提出了一些新的看法。如徐烈炯、刘丹青在他们关于汉语话题研究的专著里把"则"分析为话题标记。① 他们列举了以下例子：

① 子女玉帛，则君有之；羽毛齿革，则君地生焉。（僖公23·6）
② 弟子入则孝，出则弟。（论语1·6）
③ 纵邑无主，则民不威；疆场无主，则启戎心。（庄公28·2）

例①"则"前为名词性话题；例②"则"前为单个动词，属次话题；例③"则"前为完整的条件小句，有明显的对比性话题作用。他们认为"则"是前附性虚词，"是古代汉语的述题标记，它加在述题前表示其后的成分是述题，同时标明其前的成分是话题，而且常常是对比性话题"。

我们大致同意徐、刘对"则"及相关句子的分析，但是，他们对古汉语"则"的研究仅仅是举例性的。因此，我们打算根据他们的研究思路，

---

① 参见徐烈炯、刘丹青《话题的结构与功能》，上海教育出版社1998年版。

以《论语》《孟子》和《左传》3部书为语料，对"则"的用法及相关句式做进一步研究。

本文把古汉语"则"字句看作话题句，根据"则"前成分的语法性质，把"则"字话题句分为体词性话题句、谓词性话题句和小句话题句3大类。根据惯例，以NP代表体词性成分，包括名词、代词及名词性短语；VP代表谓词性成分，包括动词或形容词及其构成的短语；SP代表由主谓短语构成的小句。下面分别对这3种话题句进行描写和说明，最后对"则"字话题句的特征和"则"字的词性及用法进行简短的讨论。

二、体词性话题句

体词性话题句主要指由句法结构（A）和（B）构成的句子。

（A） NP + 则 + SP（VP）

（B） NP + 则 + NP

由（A）构成的句子，例如：

① a. 胡簋之事，则尝学之矣；甲兵之事，未之闻也。（哀公11·6）
　b. 非我无信，女则弃之。速即尔刑！（宣公15·2）

例①中，a句NP为名词性短语，b句NP为人称代词。

按照传统的分析，一般把例①中"则"前NP分析为主语，"则"后成分分析为谓语。这种分析遭遇到的最大困难是，绝大部分NP和其后续成分之间没有典型主谓结构之间所具有的语义关系，即主语是谓语动词的施事，反而具有典型的话题语义特征：① 与述题具有"关于"或"有关性"特征；② 与句中主要VP或其他VP可以没有直接的论元关系或嵌入关系。①

话题与述题具有"关于"的特征，从下面例句可以看出。如例②第一句，可以翻译为"至于礼仪的细节，自有主管人员"②。

② 笾豆之事，则有司存。（论语8·4）

---

① 关于话题的语义特征，参见屈承熹《话题的表达形式与语用关系》（徐烈炯、刘丹青主编《话题与焦点新论》，上海教育出版社2003年版）。

② 杨伯峻：《论语译注》，中华书局1980年版。

圣则吾不能，我学不厌而教不倦也。（孟子3·2）

有时，为了强调话题与述题的"关于"特征，可以在话题之前添加连词或介词。在NP之前添加连词"若""乃若""若夫"的，例如：

③ 若禹、皋陶，则见而知之；若汤，则闻而知之。（孟子14·38）
若曾子，则可谓养志也。（孟子7·19）
若民，则无恒产，因无恒心。（孟子1·7）
乃若所忧，则有之。（孟子8·28）
若夫君子所患，则亡矣。（孟子8·28）

在NP前加上介词"以""在"，这种形式多见于《孟子》，《左传》次之，《论语》中没有。例如：

④ 以母则不食，以妻则食之。（孟子6·10）
以兄之室则弗居，以於陵则居之。（孟子6·10）
以贤，则去疾不足；以顺，则公子坚长。（宣公4·2）
在他人则诛之，在弟则封之。（孟子9·3）

例③和例④可以看成是话题的强调形式，或者说，是为了使话题的特征更为突出。试比较例②和例③，见例⑤；比较例②和例④，见例⑥。它们的句法环境大致相同，只是有的话题前添加了连词或介词，有的没有。

⑤ 圣则吾不能，我学不厌而教不倦也。（孟子3·2）
若圣与仁，则吾岂敢？（论语7·34）
若季氏则吾不能，以季、孟之间待之。（论语18·3）
⑥ 吾弟则爱之，秦人之弟则不爱也。（孟子11·4）
在他人则诛之，在弟则封之。（孟子9·3）

一般认为，话题与其后成分之中的主要动词的关系可以是施事、受事等，也可以是时间、地点等句子内容的环境要素。据我们考察，"则"前NP和其后续成分中的主要动词很少具有施事关系，而具有受事关系的则不少。例如：

⑦ 姊妹，则上卿送之，以礼于先君；公子，则下卿送之。（桓公3·6）

其三人则予忘之矣。（孟子10·3）

俎豆之事，则尝闻之矣；军旅之事，未之学也。（论语15·1）

吾弟则爱之，秦人之弟则不爱也，是以我为悦者也，故谓之内。（孟子11·4）

以上句子中，"则"前 NP 均与其后续成分中的动词具有受事关系，动词后没有句法空位，用代词"之"指称前面的 NP，它们是典型的话题句。

"则"前 NP 也可以是其后续成分的时间、地点等要素，如下面句子中画线的部分都可以看成句子的话题：

⑧ <u>冬日</u>则饮汤，<u>夏日</u>则饮水，然则饮食亦在外也。（孟子11·5）

<u>内</u>则父子，<u>外</u>则君臣，人之大伦也。（孟子4·2）

<u>今也</u>则亡，未闻好学者也。（论语6·3）

<u>今时</u>则易然也。（孟子3·1）

<u>昔者</u>，则我出此言也，不亦宜乎？（孟子7·24）

<u>其他月</u>则为灾，阳不克也，故常为水。（昭公21·5）

东略之不知，<u>西</u>则否矣。（僖公9·3）

右广初驾，数及日中，<u>左</u>则受之，以至于昏。（宣公12·2）

至于由（B）构成的句子，一般把它们分析为名词谓语句，由于它主要表示判断，因而也称判断句，如例⑨。实际上，古汉语判断句可以看成是一种必然话题句。①

⑨ 其人，则盗贼也；其器，则奸兆也。（文公18·7）

滕君则诚贤君也；虽然，未闻道也。（孟子5·4）

---

① 史有为把无系词判断句看成是必然话题句，参见《主语后停顿与话题》（《中国语言学报》1995年第5期）。

其事则齐桓、晋文，其文则史。（孟子8·21）

三、谓词性话题句

谓词性话题句是指由（C）和（D）两种句法结构构成的句子。
(C) SP（VP） + 则 + NP
(D) (NP +) VP + 则 + VP

先看由（C）构成的句子例①，其中"则"前成分主要为SP，有时也可以是VP，而NP一般为名词性短语，也可以为"所"字结构，这种句式主要见于《左传》，《孟子》少见，《论语》中没有出现。

① 楚失华夏，则析公之为也。（襄公26·10）
敝邑以赋与陈、蔡从，则卫国之愿也。（隐公4·3）
其妻问其所与饮食者，则尽富贵也。（孟子8·33）

有时，在以（C）构成的句子的VP之前，还可以像体词性话题句一样，加上连词"若"或"若夫"，如例②。

② 若得从君而归，则固臣之愿也，敢有异心？（昭公31·2）
若得视卫君之事君也，则固所愿也。（哀公15·4）
若夫成功，则天也。（孟子2·14）
若夫润泽之，则在君与子矣。（孟子5·3）

对例①、例②中的句子，只能把它们分析为名词谓语句，它们和由（B）构成的句子相当，主要也是表判断，因而也可以看成古汉语中必然话题句。

由（D）构成的句子比较复杂，它可以分为两个次类。

第一类，"则"前VP为形容词的，如例③。

③ 奢则不孙，俭则固。（论语7·36）
宽则得众，信则民任焉，敏则有功，公则说。（论语20·1）
天下归殷久矣；久则难变也。（孟子3·1）
其行速，过险而不整。速则失志，不整，丧列。（成公16·5）

第二类,"则"前 VP 为动词或动词短语的,如例 ④。

④ 有役则反之,无则取之。(昭公 20·4)
学而不思则罔,思而不学则殆。(论语 2·15)
出则事公卿,入则事父兄。(论语 9·16)
欲速则不达,见小利则大事不成。(论语 13·17)
治则进,乱则退。(孟子 0·1)
今也为臣,谏则不行,言则不听。(孟子 8·3)

以上句子多为议事论道,正如《马氏文通》所言:"议事论道之句读,如对语然,起词可省。"比照例 ⑤ 中的句子,其主语没有省略。

⑤ 弟子入则孝,出则弟。(论语 1·6)
君子不重则不威,学则不固。(论语 1·8)
宁武子,邦有道,则知,邦无道,则愚。(论语 5·21)
我克则进,奔则亦视之,乃可以免。(襄公 25·8)
有官守者,不得其职则去;有言责者,不得其言则去。(孟子 4·5)

由(D)"(NP+)VP+则+VP"构成的句子,"则"前 VP 为话题,如果其前出现 NP,如例 ⑤ 中的句子,则 NP 为主语,VP 仍为话题,即徐烈炯、刘丹青所谓的"次话题"。①

四、小句话题句

小句话题句是指由句法结构(E)构成的句子。
(E) SP + 则 + VP(SP)
由(E)构成的句子,可以分为两类。
第一类是"则"后动词短语的主语与"则"前小句的主语同指,因而可以省略,如例 ⑥。

---

① 参见徐烈炯、刘丹青《话题的结构与功能》,上海教育出版社 1998 年版。

⑥ 其自为谋也则过矣，其为吾先君谋也则忠。（成公2·6）
民知有辟，则不忌于上。（昭公6·3）
今王与百姓同乐，则王矣。（孟子2·1）
禹闻善言则拜。（孟子3·8）
君子学道则爱人，小人学道则易使也。（论语17·4）

应该注意例⑤和例⑥的区别，试比较例⑦中a、b两句：

⑦ a. 君子不重则不威，学则不固。（论语1·8）
　 b. 君子学道则爱人，小人学道则易使也。（论语17·4）

例⑦a句是由句法结构（D）构成的句子，属于谓词充当话题的句子，即话题为"不重"和"学"；而b句的话题是小句"君子学道"和"小人学道"。

第二类由（E）构成的句子是"则"前后均为小句，两小句的主语异指，如例⑧。

⑧ 君子笃于亲，则民兴于仁；故旧不遗，则民不偷。（论语8·2）
天下有道，则政不在大夫。（论语16·2）
王之好乐甚，则齐国其庶几乎？（孟子2·1）
若晋君朝以入，则婢子夕以死；夕以入，则朝以死。（僖公15·4）
子若欲战，则吾退舍。（僖公33·10）
邹人与楚人战，则王以为孰胜？（孟子1·7）

五、讨　论

在上文，我们对与"则"字相关的5种句式进行了较为详细的描写和分析。下面打算在语言学界近年来有关话题研究的理论和方法的背景之下，就"则"字话题句的特征、"则"字的词性和功能两个问题进行简要讨论。

关于"则"字话题句的特征，可以从形式、语义、语用、话语功能4个方面来概括。

形式特征："则"前NP、VP或SP与"则"之间有明显的停顿，因此，

"则"前往往可以加上逗号,以示停顿,对此,无须举例说明。主语后是否停顿是判断该成分是否为话题的主要形式标准之一。①

语义特征:"则"字话题句中话题是述题部分所关涉的物件;话题与句子主要动词的关系可以是受事,也可以是时间、地点等,但很少是施事。这一特征主要是针对名词性成分充当话题而言的。对此,我们在本文第二部分已进行了较为详细的讨论,不再赘述。

语用特征:① 表示对比和强调,这一点,本文第三部分所列谓词性话题表现最为明显,体词性话题也具备这一特征;② 表示条件、假设,这一特征,小句话题表现得尤为突出。② 关于上述两个特征,吕叔湘先生在《中国文法要略》中指出:"文言又有在两句中分用两个'则'字,或单在下句用一个'则'字的(单用于上句者较少),都足以增强两事的对待性。这个'则'字就是假设句的'则'字化出来的,其上含有'若论'或'至于'之意……这类例句,白话有两种句法可以相比,一是用'是'字代'则'字……一是用'呢'字。"吕先生所说的"对待性"就是对比,而"则"的这种用法是由假设句的"则"演化而来的,说明了语用上两个特点的互相联系。另外,吕先生还认为表示对待的"则"字句前含有"若论"或"至于"之意,正如本文上文所举例⑥、例⑭等,它们本身前面就添加了"若""若夫""乃若"等词,这些词的意义和用法与"若论""至于"大致相当;从吕先生论述可以看出,即使在句子前没有出现"若""若夫""乃若"等词,它们也含有"若论"或"至于"之意。联系到吕先生在《现代汉语八百词》中对"至于"用法的论述:"引进另一话题。用在小句或句子开头。'至于'后面的名词、动词等是话题,后面有停顿。"吕先生的上述论断值得我们认真体会。

话语功能特征:"则"字话题句的话题具有话语衔接功能的特点,例如例①。

① 沐则心覆,心覆则图反,宜吾不得见也。(僖公24·1)
易覿则民愁,民愁则垫隘,于是乎有沈溺重腿之疾。(成公6·5)

---

① 有关这方面的论述,可以参见张伯江、方梅《汉语功能语法研究》(江西教育出版社1996年版)、史有为《主语后停顿与话题》(《中国语言学报》1995年第5期)。
② 关于这一点,赵元任在《中国话的文法》中有较为详细的讨论。

无威则骄，骄则乱生，乱生必灭，所以亡也。（襄公27·6）

政宽则民慢，慢则纠之以猛。猛则民残，残则施之以宽。宽以济猛，猛以济宽，政是以和。（昭公20·9）

名不正，则言不顺；言不顺，则事不成；事不成，则礼乐不兴；礼乐不兴，则刑罚不中；刑罚不中，则民无所措手足。（论语13·3）

自得之则居之安，居之安则资之深，资之深则取之左右逢其原。（孟子8·14）

以上4项特征，在以往的研究中，都被提及过。但是，我们认为语用方面的特征最能表现"则"字话题句的特色，因为其他方面的特征，常常也被理解为主语的特征，特别是对那些主张主语和话题等同说的学者。

既然所有"则"字句都是话题句，那么，显然可以把"则"字看成古汉语话题句的标记，正如现代汉语中常常把介词"被"字看成被动句的标记，把介词"把"看成处置句的标记一样。本文在第一部分指出，关于"则"的词性，有人把它归为连词，有人归为副词，多数人认为它兼有连词和副词的用法。我们把它分析为联结话题和述题的关联副词。我们之所以把它看作副词，首先，因为绝大多数副词只能出现在句子可以停顿的句法位置，而"则"与其前成分之间正好有个停顿，连词没有这方面的要求。从上文所举例句来看，"则"前成分无论是NP，还是VP或SP，其后很少再加语气词，而语气词也是语言单位之间停顿的标志，可见副词"则"和语气词在停顿标记功能上是互补的。试比较例②中的句子，a、b两句"则"前NP后分别用了语气词"者"和"也"，所以不能再用"则"，c、d两句正好相反，用了"则"字，其前NP后不能再加语气词。

② a. 若仲子者，蚓而后充其操者也。（孟子6·10）
　　b. 若由也，不得其死然。（论语11·13）
　　c. 若曾子，则可谓养志也。（孟子7·19）
　　d. 若臣，则不可以如矣。（哀公14·4）

其次，作为连词，在句子中把它们去掉后，一般不会影响句子的成句，而"则"字句中的"则"，有时不能去掉，否则会影响句子的成立。如下面的例③，一般把其中的"则"看作连词，如果去掉句子中的"则"，则句子不成立（"*"表示不成立的句子），这进一步说明了只能把"则"分析为连词。

③ 弟子入则孝，出则弟。（论语1·6）
*弟子入孝，出弟。
君子学道则爱人，小人学道则易使也。（论语17·4）
*君子学道爱人，小人学道易使也。（论语17·4）

我们说，"则"是古汉语话题句的标记，"则"字句是古汉语中的话题句，并不否认古汉语中还存在其他类型的话题句。对此，笔者将做进一步的探讨。

古汉语名词活用说的再认识

自陈承泽提出活用说以来，古汉语语法书差不多都要谈词类活用问题，但在某些具体问题上仍然存在分歧意见。本文仅就名词的活用问题简要概述前人的一些观点，然后提出自己的看法，故名曰"再认识"。

一、传统名词活用说的局限

活用是相对本用而言的。那么什么是名词的本用？传统语法认为，名词一般在句子中做主语、宾语和定语，如果一个名词在句中充当这些成分，就是本用；偏离了这些用法，就认定该名词是活用。一般认为名词活用包括活用为动词、活用为状语、活用为使动和意动用法。例如：

① 晋师<u>军</u>于庐柳。（左传·僖公二十四年）
② 遂<u>王</u>天下。（韩非子·五蠹）
③ 秋，宋大<u>水</u>。（春秋·庄公十一年）
④ 豕<u>人</u>立而啼。（左传·庄公八年）
⑤ 箕畚运于渤海之尾。（列子·汤问）
⑥ 夫以秦王之威，而相如<u>廷</u>叱之。（史记·廉颇蔺相如列传）

以上画线的词是一般所谓名词活用的典型例证。前3例为名词活用为动词，后3例是名词活用为状语。词类活用说是在传统语法理论的背景下提出来的，对古汉语教学起过一些作用，但在理论和方法上却存在一些有待讨论的问题，主要表现在两个方面。

（1）没有根据汉语尤其是古汉语的特点确立本用的标准。汉语缺乏形态，词类与句法成分不存在一一对应的关系，因而不能完全依据充当何种句法成分来确定本用的标准，即给词做语法分类。同时，古汉语里单音节词占优势，一词多义、一词多用的现象远比现代汉语复杂，也不能比附印欧语言或现代汉语来看古汉语的词类和用法。马建忠认为，"字无定义，故无定类，而欲知其类，当先知上下之文义如何耳"；黎锦熙也说，"依句辨品，离句无品"。马建忠根据意义给词分类，黎锦熙根据充当何种句法成分给词分类，同时都得出了词无定类的结论。一方面说词无定类，一方面又要给词分类，这是明显的矛盾。为了解决这一矛盾，马建忠提出了"假借"说，其后陈承泽代之以"活用"说。后来的语法学者对马氏和黎氏提出词类划分标准，即确立词的本用标准多有批评，那么，所谓"活用"说在理论和方法上也大可怀疑。

（2）没有区分语法分析的两个平面——句法平面和语义平面。所谓名词的使动用法和意动用法就是这种分析的表现。下面例子经常被作为使动和意动用法引用。

⑦ 吾见申叔，夫子所谓生死而肉骨也。（左传·襄公二十二年）
⑧ 孟尝君客我。（战国策·齐策）

上例中，并非"肉""客"本身具有使动或意动的意义，而是在它们所处的结构里形成的一种语义关系意义。语义关系不等于结构关系，在语言结构里，名词相对于动词而言，就有所谓施事、受事、工具、处所等语义关系意义；动词相对于名词而言就有所谓被动、使动、意动、为动等语义关系意义。离开了具体的语言结构，就无所谓使动、意动等用法。正如有些动词不需要表示被动的语法标记，却能表示被动的意义，但很少有人说这里的动词是由主动活用为表示被动。因此，在进行语法分析时，不能把结构关系和语义关系混为一谈。

二、目前的研究

随着语法研究的深入，人们认识到传统名词活用说范围太宽泛了，为此做了进一步的探索，但仍然没能解决这个问题。

（1）有人依据词的不同读音来区分名词和动词。通常认为名词活用为动词的"王""衣""妻""冠""膏""女""雨""饭""枕"等词，由于做名词和动词时读音不一样（主要是声调的区别），于是就把它们视为同字异词，排除于活用之外。

诚然，利用读音的变化分化新词可以说是语言中普遍存在的现象。如英语就利用重音的改变区分名词和动词，现代汉语方言如广州话也能利用声调变化分化名词和动词①：

---

① 参见陈慧英《广州方言的一些动词》，载《中国语文》1982年第1期。

名　词	动　词
话 [ua³⁵]	[ua²²]
褛 [leu⁵⁵]	[leu⁵³]
遮 [tsɛ⁵³]	[tsɛ⁵⁵]

现代汉语普通话中也有这种情形，如"钉"做名词用时读阴平，做动词用时读去声。

根据词的读音变化，把一些具有名词和动词两种读音的词视作同字异词，在理论上是可行的，但在实际操作中会遇到一些无法克服的困难：第一，利用读音的改变创造新词或区别词性只是创造新词诸多方式中的一种，而且能产性极弱，语言里大量的同字异词读音并未改变，如"用锁把门锁上"中两个"锁"一为名词，一为动词，但读音并未改变；第二，由于汉字不表音，我们不可能从古代文献中确切知道音变的情况，即使有些记载，也很难确定一个词是先有名、动两种用法，然后发生音变，或者相反。

（2）有的采用统计的方法，根据出现的频率判断哪些是活用，哪些不是活用。词类活用是指在运用中由某类词临时用为另一类词的语言现象。活用既然是一类词的临时性用法，因此在文献中出现的频率一定比本用低。蔡镜浩对《论语》《左传》《诗经》《孟子》几部书做统计，"雨"当名词用跟当动词用的比例是34∶31，由此证明"雨"不属活用，而是名词兼动词。[①]郭锡良先生指出："'树''履'在先秦90%以上的用例是动词用法，只有少数用例是名词用法，不说是动词活用为名词，却说是名词活用为动词。"[②]他用统计法纠正了本用、活用关系颠倒的结论。

但是，统计毕竟是种手段，可以反映出量的差异，却不能作为定性的标准。占多大比重是本用，多大比重只能算活用？恐怕不好定，谁也没有做出这种决定。如蔡文统计"雨"的名、动用法为34∶31，因而认定为兼类，不是活用；"妻"的名、动用法是91∶26，"妻"算兼类还是算活用？关键还是必须明确认定词性的标准以及什么是"活用"。

（3）张伯江从另一角度对名词活用进行了研究。[③] 他所说的"活用"既包括临时活用，又包括长期活用形成的兼类现象。他的研究材料以现代汉

---

① 参见蔡镜浩《关于名词活用作动词》，载《语言教学与研究》1985年第4期。
② 郭锡良：《关于建立古汉语语法系统的建议》，载《中国语文》1995年第2期。
③ 参见张伯江《词类活用的功能解释》，载《中国语文》1994年第5期。

语为主，也兼顾了古代汉语。张文研究的独特之处在于从功能方面对活用现象加以解释，把解释的焦点集中在所谓发生活用的词本身上，即根据功能语法的一些概念对名词进行再分类，从而说明为什么有些词易于发生活用，有些词不易于活用，这种研究视角对我们的研究很有启发。但是，张文的研究没有解决活用和本用、长期活用和临时活用的划界及区别，而这些问题恰恰是古汉语词类活用研究不可回避的问题。

三、语义转化和词性分别

（1）词类是词的语法分类，应该主要依据语法特点进行分类和归类。同时还要考虑某类词的语义范畴特点，吕叔湘先生指出："不拿词的意义做划分词类的正式标准，也不是说在一定条件下从词的意义推定它所属的词类是不可能的。这是完全可能的，而且在汉语这种词无变形的语言，恐怕也是实际上难于避免的。"① 陆丙甫进一步指出："如同核心有其深刻的语义基础一样，词的语法分类，从根本上说，也是取决于语义。"② 正因为如此，在给各类词下定义时首先是揭示其语义范畴，如名词是表示人或事物的词，动词是表示动作、行为、变化的词等。汉语缺乏形态，古汉语的词类以单音节为主，词的意义和用法复杂，因此，古汉语词类与语义范畴的关系尤其值得重视，不能把"活用"当作法宝，把复杂的问题简单化。重视词的语义范畴，不是根据或主要根据语义划分词类，而是必须得到语法特点的验证。这方面，现代汉语已有很多成果，基本理论和方法可以借鉴，但要根据古汉语自身的特点做具体分析。

（2）这里我们集中于古汉语语法书提及的所谓名词活用的一些词，为了便于表述，我们姑且把这些词称为名词，看它们在语义上有什么特点，然后分析几对语义转化关系，进而解释为什么这些词有名、动两种用法。首先，从语义上看，可以把它们分为以下类别。

1）表示方向的词（简称"方向词"）。

这一类词如"上""下""前""后""左""右""东""南""西""北""中""内""外"等。

---

① 吕叔湘：《关于汉语词类的一些原则性问题》，见《汉语语法论文集》（增订本），商务印书馆1984年版。

② 陆丙甫：《核心推导语法》，上海教育出版社1993年版，第75页。

2）表示位置的词（简称"位置词"）。

这一类词如"城""都""邑""县""鄙""边""里""馆""宅""家""室""庐""门""阶""壁""巢""穴"等。

3）表示工具的词（简称"工具词"），又分为两小类。

a. 表示人体或动物身体部位的词。

这一类词如"目""肘""手""指""臂""面""牙""齿""膝""腹""翼""翅""蹄""尾"等。

b. 表示日常用具的词。

这一类词如"罾""刃""梯""筐""鞭""兵""烛""扇""针""绳""规""网""椎""鉴""笼""锄""药""饵""膏""脂""漆""衣""冠""枕""帷"等。

4）表示官职、身份和亲属关系的词（简称"关系词"）。

这一类词如"王""君""臣""侯""霸""相""官""父""女""妇""子""友""侣""客""长"等。

5）表示自然现象的词（简称"现象词"）。

这一类词如"风""雨""雪""冰""雹""水""火""蝗""蠹"等。

上面列举的词有 3 个特点：① 都是单音节的；② 大多数为常用词；③ 都有名词和动词两种用法。前两个特点决定了这类词意义和用法的复杂性，后一个特点是这种复杂性的具体表现。

（3）我们说第（2）部分中的各类词在上古具有名词和动词两种用法，除了它们的句法表现，还有词本身语义转化的内部根据，也就是说在上古这些词本身具有名词和动词的语义特点。

1）方向——运动。

方向词既表示方向，也可表示沿此方向的运动。方向和运动具有内在联系，若表现为运动，就是动词的用法。例如：

① 秦师遂东。（左传·僖公三十二年）
② 奚以之九万里而南为？（庄子·逍遥游）
③ 子路从而后。（论语·微子）
④ 欲与楚者右，欲与吴者左。（左传·哀公元年）
⑤ 齐军既已过而西矣。（史记·孙子吴起列传）

⑥ 不知自膝之<u>前</u>于席也。（史记·商君列传）

方向词在先秦做动词用比比皆是，其中"上""下"的动词用法从古至今一直未变。这说明方向和运动是可以互相转化的。

2）位置——定位。

位置词既表示位置，也可表示其位之定，前者是名词用法，后者是动词用法。做动词用的位置词在句法上有个特点，就是后面大多带有表处所的词语或介词短语。例如：

⑦ 师还，<u>馆</u>于虞，遂袭虞，灭之。（左传·僖公五年）
⑧ 考卜维王，<u>宅</u>是镐京。（诗经·大雅·文王有声）
⑨ 夫子之在此也，犹燕之<u>巢</u>于幕上。（左传·襄公二十九年）
⑩ 一人<u>门</u>于句鼆，一人<u>门</u>于戾丘，皆死。（左传·文公十五年）
⑪ 夫子之不可及也，犹天之不可<u>阶</u>而升也。（论语·子张）
⑫ 吾先君新<u>邑</u>于此。（左传·隐公十一年）
⑬ 灵公夺而<u>里</u>之。（庄子·则阳）

位置词的动词用法在先秦很普遍。

方向词和位置词在一般语法著作中通常称为方位词，因为它们在语义和用法上极为相似。为什么这两类词分别具有方位和运动的意义特征呢？我们可以从儿童语言发展的角度来认识这一问题。① 在儿童的早期语言中，方位和表示趋向的动词是联系在一起的，如想到外面去就说"出去"，让人来就招手说"来"，要从凳子上下来就说"下"。趋向动词由于表示趋向，因而隐含有方位的意义。后来出现了不带标记的方位句，如"这边走""街街玩""放里面"等。儿童方位句的发展过程是"隐含方位的趋向动词句——无介词标记方位句——有介词标记方位句"。从儿童早期语言的实际来看，先秦或后来方向词和位置词兼有名词和动词用法，并能做状语的事实，反映了位置与定位之间有密切的联系，可以互相转化。

3）工具——工具之用。

工具词同时包含了工具的用途。工具和工具的用途相互转化可以从词的

---

① 参见李宇明《儿童语言的发展》，华中师范大学出版社1995年版，第209～210页。

产生过程加以认识。乔姆斯基曾经指出："人工制品是从人类的某些目的、需要和作用的角度上定义，而不是单单从物理属性的角度上定义。"① 我们可以说，"刀"的命名，除了考虑它的物理属性以外，还考虑了它的用途——"砍""杀"。工具词的用途体现了它的动词用法。例如：

⑭ 左右欲<u>刃</u>相如，相如张目叱之。（史记·廉颇蔺相如列传）
⑮ 惟其士女，<u>篚</u>厥玄黄，昭我周王。（尚书·武成）
⑯ 齐顷公<u>帷</u>妇人使观之。（左传·宣公十七年）
⑰ 脂膏，以<u>膏</u>之。（礼记·内则）
⑱ 从左右，皆<u>肘</u>之。（左传·成公二年）
⑲ 诞寘之寒冰，鸟覆<u>翼</u>之。（诗·大雅·生民）

例 ⑭ "刃"的意思是"用刀杀"，以下各例类推。表示工具的词在先秦做动词用很普遍，后世也不乏其例。现代汉语里还有些表示工具的词就有名、动两种用法，如"锁""枕""刷""漆""罩""锄"等。现代汉语方言里，也有一些表示工具的词可以做动词用。例如：②

  畚：吴方言，用簸箕撮。《吴下方言考》："吴中谓以箕运物为畚。"
如：畚垃圾。
  步：北方方言，用脚步量。如：步地。
  磕：北方方言，碎片碰破。如：别让碎玻璃磕了手。
  奶：北方方言，用奶喂孩子。如：奶孩子。
  肘：山东方言，举，抬。

如果把本文第二（1）部分中所列利用语音的变化区分名词和动词用法算上，那么工具词的名、动用法就更具普遍性了。
  4）关系——确认或否认。
  关系词同时包含了确认或否认这种关系的动作义。

---

  ① ［美］乔姆斯基著，黄长著等译：《句法理论的若干问题》，中国社会科学出版社 1986 年版，第 29 页。
  ② 以下例子摘自闵家骥等编《汉语方言常用词词典》（浙江教育出版社 1995 年版）。

a. 确认关系，指人与人之间因社会地位、血缘等建立的各种关系。关系词是对这种关系建立过程和结果的记录，因而具有动词义。例如：

⑳ 众江东父兄怜而<u>王</u>我，我何面目见之。（史记·项羽本纪）
㉑ 孟尝君<u>客</u>我。（战国策·齐策）
㉒ 桓公解管仲之束缚而<u>相</u>之。（韩非子·难一）
㉓ 高祖<u>侯</u>之颍川。（史记·高祖本纪）

这类词的动词用法有个特点，它们一般用在"N_{指人}＋关系词＋N_{指人}"结构中，关系词正处在人与人之间，对其关系表示确认。

b. 否认关系，指人与人之间客观上具有某种关系，却试图在主观上否认这种关系。一般用否定词"不"对关系词进行否定。例如：

㉔ 晋灵公不<u>君</u>，厚敛以雕墙。（左传·宣公二年）
㉕ 段不<u>弟</u>，故不言弟。（左传·隐公元年）
㉖ 其为君也，淫而不<u>父</u>。（左传·僖公十五年）
㉗ 贫穷则父母不<u>子</u>。（战国策·秦策一）

关系词否定式的用法后世偶尔仿用，多以对举的形式出现，如"官不官，民不民"。

5）现象——发生。

自然现象或灾害的发生是非人力所能控制的，这种现象的出现本身就意味着它的发生，因而可以用同一词表示这种现象及其发生过程。例如：

㉘ 癸酉卜，乙亥不<u>风</u>？（殷墟文字甲编）
㉙ 王出郊，天乃<u>雨</u>。（尚书·金縢）
㉚ 秋，大<u>雨雹</u>。（春秋·僖公二十九年）
㉛ 壬午，大甚。宋、卫、陈、郑皆<u>火</u>。（左传·昭公十八年）
㉜ 甲戌晦，日有食之。京师<u>蝗</u>（蝗，闹蝗灾）。（后汉书·孝桓帝纪）

凡属表示非人力难以控制的现象的词，往往兼有动词和名词的用法，如现代汉语中的"梦""病""咳嗽"等。

（4）在上一小节我们列举了5组语义范畴，它们分别兼有名、动两种可以转化的语义特征，这是它们既做名词又做动词的语义根源，都有大量用例，同时具有两类词的句法特征，不是临时的、个别的"活用"现象。

四、关于名词做状语

（1）本部分讨论名词做状语问题。郭锡良先生主编的《古代汉语》把名词活用做状语分为4小类：① 表示方位和处所；② 表示工具和依据；③ 表示对人的态度；④ 表示比喻。除了第 ④ 类的用法比较特殊外，其他各类和本文第三（2）部分所列词汇表示的语义关系基本一致。方向词、位置词、工具词做状语，是由这些词本身具有的语义特点所决定的，不是什么活用问题。这几类词在现代汉语里也经常直接做状语，却很少有人认为它们是活用。例如：

① 我们前不着村，后不挨店，怎么办呢？
② 你床上睡，我地上睡。
③ 他左手吃饭。

（2）关系词做状语表示的语义关系和做动词用表示的语义关系基本一致，都表示一种关系的确认，试比较：

④ 齐将田忌善而客待之。（史记·孙子吴起列传）
⑤ 孟尝君客我。（战国策·齐策）

"客我"相当于"以客待我"，从意义上看，例 ④ 和例 ⑤ 都是表示一种关系的确认，只不过例 ④ 中的"客"处于状语的位置，例 ⑤ 中的"客"处于谓语的位置。因此，关系词做状语是本用，并非活用。

（3）名词做状语表示比喻的用法比较复杂。例如：

⑥ 嫂蛇行匍匐。（战国策·秦策）
⑦ 老人儿啼。（史记·循吏列传）
⑧ 豕人立而啼。（左传·庄公八年）
⑨ 其后秦稍蚕食魏。（史记·魏公子列传）

⑩ 将不胜其忿而蚁附之。（孙子·谋攻）
⑪ 天下云集而响应，赢粮而景从。（过秦论）

这一类用法后世一直沿用不衰。例如：

⑫ 寇盗处处蚁合，群国多以无备，不能制服。（世说新语·识鉴）
⑬ 五代干戈，四海瓜分豆剖。（李清照集·词论）
⑭ 大丈夫宁可玉碎，不能瓦全。（北齐书·元景安传）
⑮ 公以深谋，出其不意，雾廓云除，冰消瓦解。（隋书·杨素传）

其他如"雉奔""畜鸣""乌集""乌合""云合""蜂起""风摇波荡""鸡廉狼吞"等。有些在现代汉语里还经常用到，如"狼吞虎咽""烟消云散""土崩瓦解""虎视眈眈""乌合之众""蚕食百姓""风起云涌""天翻地覆"等。把这些用法归结为临时性的活用，恐怕说不通，最好还是把它看作本用。

五、小　结

（1）本文第三（2）部分所列词在上古汉语均非名词活用为动词。从语义上看，这些词本身具有名词和动词两种可以相互转化的语义特征；从形式上看，其中一些利用音变区分动词用法和名词用法；从用法上看，这些词的动词用法并不是临时性的，而是具有社会性。准确地说，这类词在上古具有名词和动词两种用法，以取代活用说。

（2）名词做状语是汉语名词的特点之一，古今皆然，只是古汉语显著一些，名词活用做状语或副词说是不成立的。

（3）"活用"是指某类词为了修辞的需要临时用为另一类词的语言现象，正如郑远汉先生指出的："'活用'，严格地说是语用或修辞方面的概念，严守语法平面，就不能谈'活用'。"① 真正作为修辞现象的"活用"应是下面用例：

① 公若曰："尔欲吴王我乎。"（左传·定公十年）

---

① 郑远汉：《几点质疑》，载《中国语文》1996年第4期。

②夫人之,我可以不夫人之乎?(穀梁传·僖公八年)
③是欲臣妾我也,是欲刘豫我也。(胡铨:上高宗封书)
④国宝曰:"将曹爽我乎?"(资治通鉴·晋纪·安帝隆安元年)
⑤居楚而楚,居越而越,居夏而夏。(荀子·儒效)

上例中名词活用有下面一些特点:第一,它不具有社会性,不是全社会通行的用法,因此它们是对规范用法的有意突破;第二,以上活用的都是专有名词,专有名词的意义相当具体,名词性最强,一般很难活用做动词,而一旦活用,其意义也随之发生变化,由指具体的人、地,变成仅指和人名、地名相关的属性。① 专有名词活用做动词这种修辞现象一直沿用到现代汉语。例如:

⑥他比南霸天还南霸天。
⑦真够雷锋的哎!
⑧你现在比香港人还香港哪!

【参考文献】

[1] 王克仲．古汉语词类活用[M]．长沙:湖南人民出版社,1989．
[2] 孙良明．古代汉语语法变化研究[M]．北京:语文出版社,1994．
[3] 吕叔湘．关于汉语词类的一些原则性问题[C]//吕叔湘．汉语语法论文集:增订本．北京:商务印书馆,1984．
[4] 郭锡良．关于建立古汉语语法系统的建议[J]．中国语文,1995(2)．
[5] 郭锡良．古汉语词类活用浅谈[M]//郭锡良．汉语史论集．北京:商务印书馆,1997．
[6] 郑远汉．几点质疑[J]．中国语文,1996(4)．
[7] 蔡镜浩．关于名词活用作动词[J]．语言教学与研究,1985(4)．
[8] 张伯江．词类活用的功能解释[J]．中国语文,1994(5)．

---

① 参见张伯江《词类活用的功能解释》,载《中国语文》1994年第5期。

引用和参考文献

一、语料部分

［1］ 杨伯峻．春秋左传注［M］．北京：中华书局，1990.

［2］ 杨伯峻．孟子译注［M］．北京：中华书局，1981.

［3］ 杨伯峻．论语译注［M］．北京：中华书局，1980.

［4］ 杨伯峻，徐提．春秋左传词典［M］．北京：中华书局，1985.

［5］ 洪业，聂崇歧，等．论语引得［M］．上海：上海古籍出版社，1986.

［6］ 洪业，聂崇歧，等．孟子引得［M］．上海：上海古籍出版社，1986.

［7］ 洪业，聂崇歧，等．春秋经传引得［M］．上海：上海古籍出版社，1983.

二、研究部分

［1］ 曹逢甫．主题在汉语中的功能研究［M］．北京：语文出版社，1995.

［2］ 陈平．汉语零形回指的话语分析［J］．中国语文，1987（5）.

［3］ 陈平．当代语言学中的统一和分化：第 14 届国际语言学家大会述评［J］．国外语言学，1987（4）.

［4］ 陈平．汉语中结构话题的语用解释和关系化［J］．国外语言学，1996（4）.

［5］ 陈初生．论上古汉语动词多对象语的表示法［J］．中国语文，1991（2）.

［6］ 陈承泽．国文法草创［M］．北京：商务印书馆，1982.

［7］ 董秀芳．古汉语介宾位置上的零形回指及其演变［J］．当代语言学，1998（4）.

［8］ 范晓．动词的"价"分类［M］//语法研究和探索：五．北京：北京大学出版社，1991.

[9] 范开泰. 省略、隐含、暗示 [J]. 语言教学与研究, 1990 (2).

[10] 冯春田, 等. 王力语言学词典 [M]. 济南: 山东教育出版社, 1985.

[11] 傅雨贤, 周小兵, 等. 现代汉语介词研究 [M]. 广州: 中山大学出版社, 1997.

[12] 金兆梓. 国文法之研究 [M]. 北京: 商务印书馆, 1983.

[13] 高思曼. 否定词"弗"的句法 [J]. 古汉语研究, 1993 (4).

[14] 郭绍虞. 汉语语法修辞新探 [M]. 北京: 商务印书馆, 1997.

[15] 郭锡良. 汉语第三人称代词的起源和发展 [M] // 语言学论丛: 第6辑. 北京: 商务印书馆, 1980.

[16] 郭锡良. 介词"以"的起源和发展 [J]. 古汉语研究, 1998 (3).

[17] 郭锡良. 汉语史论集 [M]. 北京: 商务印书馆, 1997.

[18] 郭锡良. 介词"于"的起源和发展 [J]. 中国语文, 1997 (2).

[19] 管燮初. 殷虚甲骨刻辞中的双宾语问题 [J]. 中国语文, 1986 (5).

[20] 韩景泉. 空语类理论与汉语空位宾语 [J]. 国外语言学, 1997 (4).

[21] 何乐士. 《左传》虚词研究 [M]. 北京: 商务印书馆, 1989.

[22] 何乐士, 敖镜浩, 等. 古代汉语虚词通释 [M]. 北京: 北京出版社, 1985.

[23] 何容. 中国文法论 [M]. 商务印书馆, 1985.

[24] 胡裕树, 范晓. 试论语法研究的三个平面 [J]. 新疆师范大学学报, 1985 (2).

[25] 胡壮麟. 语篇的衔接与连贯 [M]. 上海: 上海外语教育出版社, 1994.

[26] 胡壮麟, 等. 系统功能语法概要 [M]. 长沙: 湖南教育出版社, 1989.

[27] 黄国文. 语篇分析概要 [M]. 长沙: 湖南教育出版社, 1988.

[28] 黄衍. 汉语的空范畴 [J]. 中国语文, 1992 (5).

[29] 廖秋忠. 现代汉语中动词的支配成分的省略 [J]. 中国语文, 1984 (4).

[30] 李运富. 《左传》谓语"请"字句的结构转换 [J]. 湖北民族学院学报, 1994 (3).

[31] 李佐丰. 先秦的不及物动词和及物动词 [J]. 中国语文, 1994 (4).

[32] 李佐丰．文言实词［M］．北京：语文出版社，1994．

[33] 李佐丰．先秦汉语副词的分类［M］//郭锡良．古汉语语法论集．北京：语文出版社，1998．

[34] 李临定．主语的语法地位［J］．中国语文，1985（1）．

[35] 黎锦熙．新著国语文法［M］．北京：商务印书馆，1998．

[36] 刘诚，王大年．语法学［M］．长沙：湖南人民出版社，1986．

[37] 鲁川．介词是汉语句子语义成分的重要标志［J］．语言教学与研究，1987（2）．

[38] 陆俭明．现代汉语不及物动词之管见［M］//汉语语法和探索：五，北京：北京大学出版社，1991．

[39] 陆俭明．周遍性主语句及其他［J］．中国语文，1986（3）．

[40] 吕叔湘．从主、宾语的分别谈国语句子的分析［C］//汉语语法论文集：增订本，北京：商务印书馆，1984．

[41] 吕叔湘．说"胜"和"败"［J］．中国语文，1987（1）．

[42] 吕叔湘．汉语语法论文集：增订本［M］．北京：商务印书馆，1984．

[43] 吕叔湘．中国文法要略［M］．北京：商务印书馆，1982．

[44] 吕叔湘．汉语句法的灵活性［J］．中国语文，1986（1）．

[45] 吕叔湘．主谓谓语句举例［J］．中国语文，1986（5）．

[46] 吕叔湘，王海棻．马氏文通读本［M］．上海：上海教育出版社，1986．

[47] 马建忠．马氏文通［M］．北京：商务印书馆，1983．

[48] 马汉麟．古汉语语法提要［M］．西安：陕西人民出版社，1985．

[49] 麦梅翘．《左传》中介词"以"的前置宾语［J］．中国语文，1983（5）．

[50] 齐户扬．有关介词"给"支配成分省略的问题［J］．上海师范大学学报，1995（4）．

[51] 荣晶．汉语省略、隐含和空语类的区分［J］．新疆大学学报，1989（4）．

[52] 申小龙．《左传》主题句研究［J］．中国语文，1986（2）．

[53] 沈家煊．转指和转喻［J］．当代语言学，1999（1）．

[54] 沈阳．论元结构理论介绍［J］．国外语言学，1994（1）．

[55] 沈阳．现代汉语句法结构中的"隐含型空语类"［M］//邵敬敏．语法研究与语法应用．北京：北京语言学院出版社，1994．

[56] 沈阳．动词的句位和句位变体结构中的空语类［J］．中国语文，1994（2）．

[57] 沈阳，郑定欧．现代汉语配价语法研究［M］．北京：北京大学出版社，1996．

[58] 施关淦．关于"省略"和"隐含"［J］．中国语文，1994（2）．

[59] 宋明国．句法理论概要［M］．北京：中国社会科学出版社，1997．

[60] 孙良明．古代汉语语法变化研究［M］．北京：语文出版社，1994．

[61] 孙锡信．汉语历史语法要略［M］．上海：复旦大学出版社，1992．

[62] 唐启运．古代汉语"问"字句的演变和用不用"于以"的关系［J］．华南师范大学学报，1990（1）．

[63] 唐钰明．甲骨文"唯宾式"及其蜕变［J］．中山大学学报，1990（3）．

[64] 王力．中国语法理论［M］//王力文集：第1卷．济南：山东教育出版社，1984．

[65] 王力．中国现代语法［M］．北京：商务印书馆，1985．

[66] 王力．汉语语法史［M］//王力．王力文集：第11卷．济南：山东教育出版社，1990．

[67] 王力．古代汉语：修订本［M］．北京：中华书局，1981．

[68] 王维贤．说"省略"［J］．中国语文，1985（6）．

[69] 王宇．先秦汉语中代词"自"的宾语前置［J］．东北师范大学学报，1990（4）．

[70] 王海棻．马氏文通与中国语法学［M］．合肥：安徽教育出版社，1994．

[71] 王克仲．先秦虚词"与"字的调查报告［C］//中国社会科学院语言研究所古代汉语研究室．古汉语研究论文集：三．北京：北京出版社，1984．

[72] 王学勤．《论语》《孟子》中的"对曰"［J］．中国语文，1981（3）．

[73] 王福祥，白春仁．话语语言学论文集［C］．北京：外语教学与研究出版社，1989．

[74] 西槙光正. 语境研究论文集 [C]. 北京：北京语言学院出版社，1992.

[75] 谢质彬. 古汉语中的共用成分 [J]. 中国语文，1985（5）.

[76] 谢质彬. 古代汉语反宾为主的句法及外动词的被动用法 [J]. 古汉语研究，1996（2）.

[77] 徐思益. 从空语类说开去 [M] //中国语文杂志社. 语法研究和探索：四. 北京：北京大学出版社，1988.

[78] 邢福义. 汉语语法学 [M]. 长春：东北师范大学出版社，1998.

[79] 徐通锵. 语言论：语义型语言的结构原理和研究方法 [M]. 长春：东北师范大学出版社，1997.

[80] 徐赳赳. 多动词小句中的零形式 [J]. 中国语文，1993（5）.

[81] 徐烈炯. 与空语类有关的一些汉语语法现象 [J]. 中国语文，1994（5）.

[82] 徐烈炯，沈阳. 题元理论与汉语配价问题 [J]. 当代语言学，1998（3）.

[83] 徐烈炯. 语义学：修订本 [M]. 北京：语文出版社，1995.

[84] 徐烈炯. 共性与个性：汉语语言学中的争议 [M]. 北京：北京语言文化大学出版社，1999.

[58] 徐烈炯，刘丹青. 话题的结构与功能 [M]. 上海：上海教育出版社，1998.

[86] 徐通锵. 语言论：语义型语言的结构原理和研究方法 [M]. 长春：东北师范大学出版社，1997.

[87] 徐丹. 评介《介词问题及汉语的解决方法》[J]. 中国语文，1990（6）.

[88] 薛凤生. 古汉语中的主语省略与所谓的被动句型 [M] //中国语言学论丛：第一辑，1997.

[89] 姚振武. 先秦汉语受事主语句系统 [J]. 中国语文，1999（6）.

[90] 严修. 《春秋公羊传》的语法观 [M] //郭锡良. 古汉语语法论集. 北京：语文出版社，1998.

[91] 杨伯峻. 句型同而意义异例证 [J]. 中国语文，1985（1）.

[92] 杨伯峻，何乐士. 古汉语语法及其发展 [M]. 北京：语文出版社，1992.

[93] 杨伯峻,田树生. 文言常用虚词[M]. 长沙:湖南人民出版社,1985.

[94] 杨树达. 高等国文法[M]. 北京:商务印书馆,1984.

[95] 杨树达. 汉语文言修辞学[M]. 北京:中华书局,1984.

[96] 杨树达,等. 古书疑义举例五种[M]. 北京:中华书局,1983.

[97] 袁毓林. 话题化及相关的语法过程[J]. 中国语文,1996(4).

[98] 袁毓林. 语言的认知研究和计算分析[M]. 北京:北京大学出版社,1998.

[99] 袁毓林,郭锐. 现代汉语配价语法研究:第2辑[M]. 北京:北京大学出版社,1998.

[100] 袁晖,戴耀晶. 三个平面:汉语语法研究的多维视野[M]. 北京:语文出版社,1998.

[101] 张世禄,严修. 古代汉语教程[M]. 上海:复旦大学出版社,1991.

[102] 张斌. 汉语语法学[M]. 上海:上海教育出版社,1998.

[103] 张国宪. 有关汉语配价的几个问题[J]. 汉语学习,1994(4).

[104] 张国宪. 谈隐含[J]. 中国语文,1993(2).

[105] 张桂宾. 省略句研究述评[J]. 汉语学习,1993(1).

[106] 张伯江. 现代汉语的双及物结构式[J]. 中国语文,1999(3).

[107] 张伯江,方梅. 汉语功能语法研究[M]. 南昌:江西教育出版社,1996.

[108] 赵元任. 中国话的文法[M]//中国现代学术经典:赵元任卷. 石家庄:河北教育出版社,1996.

[109] 赵世开. 语言结构中的虚范畴[J]. 中国语文,1986(1).

[110] 郑远汉. 现代汉语修辞知识[M]. 武汉:湖北人民出版社,1979.

[111] 郑远汉. 言语风格学:修订本[M]. 武汉:湖北教育出版社,1998.

[112] 郑远汉. 记言式及其结构分析[J]. 中国语文,1983(2).

[113] 郑远汉. 省略句的性质及其规范问题[J]. 语言文字应用,1998(2).

[114] 郑子瑜,宗廷虎. 中国修辞学通史[M]. 长春:吉林教育出版社,1998.

[115] 周法高. 中国古代语法:造句编[M]. 台北:"中央"研究院历史语

　　　　言研究所 1962 年版．

[116] 周法高．中国古代语法：称代编［M］．台北："中央"研究院历史语
　　　　言研究所 1959 年版．

[117] 周晓康．韩礼德《语篇与语境》简介［J］．国外语言学，1988（2）．

[118] 朱德熙．现代汉语语法研究［M］．北京：商务印书馆，1980．

[119] 朱德熙．语法讲义［M］．北京：商务印书馆，1982．

[120] 朱德熙．语法答问［M］．北京：商务印书馆，1985．

[121] 宗廷虎，袁晖．汉语修辞学史［M］．合肥：安徽教育出版社，1990．